上野 善久 著

戦後日本流通業のイノベーター

—ファミリービジネスの業種転換事例—

はじめに　――問題意識と対象領域

本書は、戦後日本の流通業において、従来にない革新的な販売方法を実践した先駆的事例を記述したものである。

その先駆的実践事例には、後の時代になってFC（フランチャイズチェーン）、SPA（製造直売アパレル）、SB、PB（ストアブランド、プライベートブランド）などと呼称され、より精緻な運営システムとして構造化されることになる販売方式のエッセンス（本質）が含まれている。

本書に収録した事例は先駆的であり、流通業におけるイノベーションと呼ぶにふさわしいものと考えているが、それが学術的な見地から断定できるかどうかに関しては専門家の論考を待たねばならない。

流通業という社会システムにおいて、なにか一つの販売方式を誰が最初に運用したかということを、厳密に立証することは困難である。従って、誰が最初なのかについて究明することは著者の手に余る難事業であって、その途の専門家に委ねるほかはない。しかしながら、その難事業に挑む学究に資するためにも、関連する事例を詳細に記述し刊行物として後世に残すことは、その事実のごく僅かな一端を知り得た者の責務と考える次第である。

代々酒造業を営む家の九代目だった上野久一郎は大正6年、弱冠23歳のときに郷里・滋賀県から上京し、当時の東京市京橋区(現在の東京都中央区)に商店を構えた。酒造りの蔵元だったファミリービジネスにとっては新規事業となる流通業に進出したことに加え、関西の農村から東京都心という地理的にも社会環境の点でもかけ離れた地に事業拠点を新たに設立した。つまり、新事業開発と新市場開拓の二つのフロンティア進出を同時に敢行したことになる。

しかし、東京における開業から僅か6年後の大正12年には、関東大震災で店舗が焼失する。難儀を経て再興した店を、今度は昭和20年の東京大空襲で再び灰燼に帰す。戦後の動乱期に家業を再興する中で、単に従前と同じことを再起動したのではなく、数々の革新的な販売方法を編み出し、実践してきたのである。

何代も続いている商家には、中興の祖といわれる当主が現れることがあるが、本書に採り上げる上野久一郎は、まさに中興の祖の典型といえる。この足跡を記すことは、ファミリービジネス研究にとっても意義のあることと考える。

本書は、以上のような問題意識にたって、戦後流通業におけるイノベーターと称すべき上野久一郎の営為を記したものである。

碩学の参照に供することができれば、誠に幸いである。

2020年5月

目次

第1章

戦後日本の流通業における業態創造

三井の越後屋が江戸時代の江戸・日本橋で始めた販売方法が、いまからみれば革新的だったという指摘は多い。

店前《たなさき》売り、現銀(金)掛け値無しなどの当時としては革新的な販売方法を次々と打ち出して、庶民の支持を得て行ったことが、三井広報委員会によって説明されている。※1

その革新的販売方法とは、訪問販売から店頭販売への転換、掛売が基本で年一～二回払いだったのを現金引換えにしたこと、さらに正札を提示してその価格で販売したことなどである。そのほかに、呉服の反物は一反単位で売るのが当時の常識だったところ、これ以下の細かい切り売りを行なったり、仕立てて販売するイージーオーダーを採り入れたりしたと伝える。

他方、米国発の近代的多店舗経営技法であるFC(フランチャイズチェーン)、SPA(製造直売アパレル)、SB、PB(ストアブランド、プライベートブランド)などついては、いつ、誰が創始したのかは措くとして、本家アメリカでもチェーンストアの父とも称されるサム・ウォルトンがウォルマートの一号店を開設したのは1962年であった。※2

我国では、セブンイレブンやユニクロが大きな成果を挙げていることもあり、こうした活動中の大企業が日本における現代的流通システムの先駆者のように思われているが、実は今からさかのぼること70年も前に、先駆的な取り組みがなされていたことはあまり知られていない。

本書では、戦後間もない１９５０年ごろに、こうしたＦＣ、ＳＰＡ、ＰＢといった販売方法を自ら考案し、実践し、実利を上げてきた布屋本店の第九代当主・上野久一郎の足跡をたどる。

※１　「越後屋誕生と高利の新商法」三友新聞社、三井広報委員会ホームページ『三井の歴史』所載
※２　サム・ウォルトン『私のウォルマート商法』渥美俊一・桜井多恵子監訳（２００２）

1 昭和初期東京における酒類卸売業の産業構造

新しい産業が勃興する前夜の段階では、既存のプレーヤーとは異なった動き方をする新興のプレーヤーが出現するようになる。それは、従来とは異なる商品を扱ったり、異なる顧客に対して訴求したり、さらには、同様の商品や対象市場であっても販売方法に著しく斬新なものがあったりなど、切り口はさまざまなバリエーションが考えられる。

それらの新規プレーヤーのうち、市場において一定の支持を得た者と、それが長期的な収益機会であると見て追随する者とが一定の集団となって、従来の産業から分れ出る形で、1つの別の新産業を構成するようになる。

この一連のプロセスを、産業内のプレーヤーの分布構成から明快に説明したのが、アメリカの経営コンサルティング会社・ボストン・コンサルティング・グループ（BCG）が1981年に発表した「アドバンテージ・マトリクス」というフレームワークである。（相葉宏二『日本企業変革の手法』プレジデント社、1995）

BCGがさまざまな産業を分析した結果、産業構造をある視点で捉えると、各産業は一定の法則に従って進化していくことが明らかとなり、したがってどの産業でも将来の方向性を予測できるので、それを踏まえた戦略を策定することが可能であると主張するものである。

このモデルは、経営戦略を検討するうえで、その事業が属する産業構造を俯瞰するとい

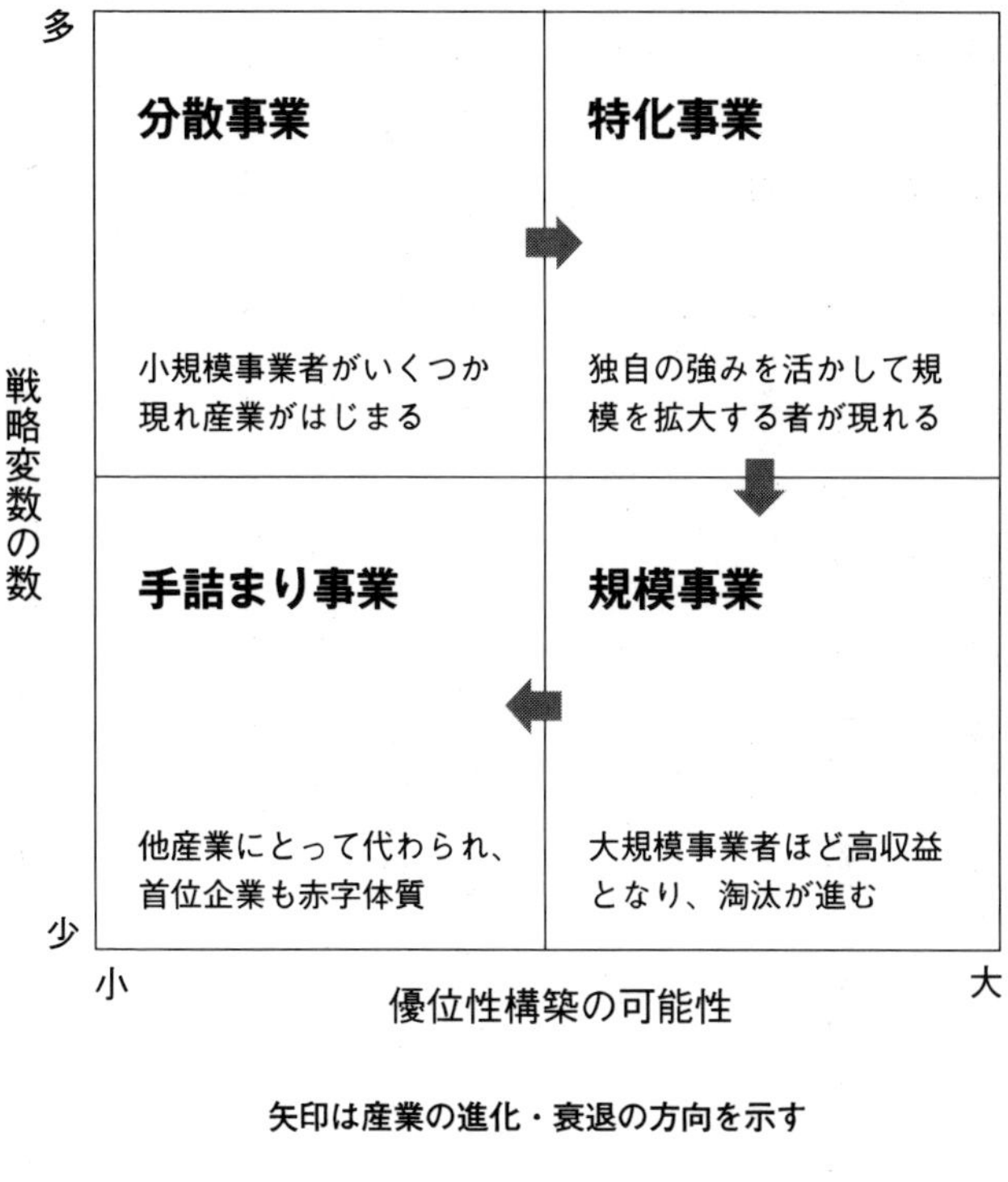

図１　アドバンテージ・マトリクス（簡略版）
（相葉宏二［1995］をもとに加筆・簡略化）

う点で、当時としては画期的な視点を有していた。さらに、その産業構造が時間とともに変化していくという産業の成熟化の考え方を当然に内包したきわめてダイナミックなモデルであった。

しかしながら、このアドバンテージ・マトリクスは、図1に示したマトリクスの各象限の中に、本来はさらに別の変数によって産業内の各プレーヤーをプロットしたグラフを4つ埋め込んだ複雑な構造となっているため、一般には容易に理解することがかなわないという欠点がある。そこで本書では、そのエッセンスだけを簡略化して図示している。

第2次大戦前の東京において、酒類卸売業[※3]はアドバンテージ・マトリクス上にどのように位置づけられたであろうか。

明治期の東京における酒類販売においては、種類（酒税法上の酒の分類。同音の「酒類」と区別するため、業界ではタネルイと通称する）としては、ビールや焼酎などはいまだ少量にとどまっており、清酒が大半を占めていた。

清酒の流通にあたるのは、江戸時代からの延長で、灘など上方の清酒を独占的に扱っていた約20軒の「下り酒問屋」だった。現在の中央区新川を中心に群居していた下り酒問屋から、現在の用語でいう二次卸にあたる酒類問屋（江戸時代の「地廻り問屋」で、上方以外の地方の清酒を直接扱う傍ら、上方産のものは酒問屋から仕入れる二次扱いだった。酒問屋と酒類問屋は別の組合だった）、さらには仲買商などを経て、小売店へと取引されていた（望月〈1995〉、二宮〈2016〉などによる）。

しかし、明治維新（1868年）から日中戦争開戦（1937年）に至るこの時期は、産業革命（精米や輸送への蒸気機関の利用）に始まって、三度の戦争、商標の法制化、瓶詰清酒の登場、コメ騒動、アミノ酸の発明、関東大震災、金融恐慌など、幾多の技術革新や社会情勢の激動期と重なった。

アドバンテージ・マトリクスにあてはめると、共存共栄のギルド的性格が強い「下り酒問屋」が権勢を振るっていた初期の頃には、東京の酒流通業は「規模事業」であり、そろそろ「手詰まり事業」へと遷移しつつあったといえる。

そのころから、相次いでこうした社会的な大変動が起き、そのたびに古参でも凋落する者が出たり、醤油問屋など酒類にとっては新興の事業者が参入してくることがあったりし

※3　もともと酒問屋と醤油問屋は発祥を別々にしていたが、のちに両陣営の取扱商品が相互に融合していき、機能面では大差がなくなっていくが、ここでは便宜的に「酒類を卸売する業者」を一括して扱うこととする。

て、プレーヤーの顔ぶれや競争力の源泉が多様化していった。
産業構造全体でいえば、「特化事業」へ逆戻りして、産業が再度混沌とした様相を呈していたといえる。

ここへ、上野久一郎が参入した。

新規参入といっても、新天地・東京では信用も地盤もない若輩者だった。そればかりか、各種の新規プレーヤーが登場した明治後半ではなく、大正6(1917)年という非常に遅い時期での参入だった。最後発の弱小・無名プレーヤーには、真正面から勝負しても勝ち目がないことは明らかだった。

そこで、久一郎はニッチ戦略に打って出る。当時誰も見向きもしなかった、地方の無名蔵を次々に開拓した。常識の逆張りを行った。

その頃、地酒は安酒の代名詞で、進んで飲みたいと思うのは、その地方の出身者がたまに懐かしがって飲む以外には要望はなかった。しかし、特に戦後の物資窮乏時には、とにかく酒であれば贅沢は言えない状況だった。銘醸地である灘・伏見産よりも少々まずくても値段がそれ以上に安かったので、文句はなかったし、上等な酒を飲みたい層とは客層が異なったので特段問題はなかったといえる。

こうしてスタートした「地酒しかない」ところが、逆に優位性になる。排他的・独占的に扱えるからである。

店頭小売の一般酒販店への販路は、既存の卸店によって既に押さえられていて、新参者が割り込むことは難しかった。そこで、新しい顧客層として外食業に着目し、この市場へ特化して行ったものが出てきた。[※4]

布屋本店の上野久一郎もその嚆矢の一画にいた。

2　戦時統制による酒類卸業の分化と業務用酒類販売産業の創始

昭和12（1937）年に日中戦争がはじまり、同年にアルコール専売が法制化され、酒類

※4　外食業者への販売行為を、卸と小売のどちらに分類すべきかについては、後に詳しく述べる。

の戦時統制に入って行った。その統制が解除されるのは、終戦後の昭和24（1949）年のことであった。

この年に、統制解除に際して国税庁が酒類販売業界に打ち出した方針は、酒類の販売をする先を免許業者かそれ以外かの択一を求めるものであった。（酒類ジャーナリスト・望月由隆氏へのインタビュー、2019年2月28日実施）

酒類の販売チャネルは、最終消費者の口に入る直前の段階で、店頭小売と業務用とに大別される。[※5] すなわち、最終消費者が小売店の店頭で自ら買い求め（もしくは酒店員が客先まで配達し）、自宅などで飲用する消費形態が店頭小売ルートである。他方、レストランや居酒屋などの飲食店や宿泊施設等において酒類を飲用する消費形態があり、これを業務用と称している。

戦時統制以前には、酒販業者といっても酒造元による卸兼業も含めて、どの業者も多様な販売先を抱えていた。酒類販売免許を持つ小売店向けと、免許を持たない一般消費者ならびに業務用向けは、免許行政では「卸売」と「小売」として厳格に区分されていたが、両方の免許を有している業者も多かったから、実際には小売行為と卸売行為の双方を営むことも広く行われていた。

ところが、戦後に統制解除にあたって、国税当局は酒販業者に対して、どちらか一方を選択するように命じた。この指令により、多くの業者は当時自社が主力としていた販路を選択することになったのは当然といえば当然である。

卸なのか小売なのかという業種間の線引きが、このような形で強制的になされることになった。これを附款と称し、本来はどちらでも営むことのできる免許証に対して、一定の制限を設定する。すなわち、問屋であっても卸行為よりも飲食店向けの販売が多い者は小売免許のほうを選択したのである。[※6]

昭和46（1971）年になると、戦後長らく敷かれてきたこの附款が撤廃された。しかし、その頃には既に戦後の高度成長が進展しており、市場の需要はうなぎ登りだったから、各社とも自社の主力販路に注力していれば企業として十分な成長が可能だった。統制前の市場に未練を残していた業者もあったようだが、各社とも統制による強制が

※5　のちに隆盛してくる通信販売は店頭小売に含める。
※6　飲食店に対して販売する行為は、量の多寡にかかわらず、酒税法上は小売行為に分類され、酒類小売業免許が必要となる。根拠法令等：酒税法第9条、酒税法法令解釈通達第2編第9条関係

あったとはいえ、曲がりなりにも自己が選択した業界において成長軌道に乗っていた。高度成長の恩恵もあったとはいえ、自社が一つの事業領域で成長している段階にあったということは、附款導入によって不承不承撤退した「もう一つの販路」（問屋にとっては小売、小売店にとっては卸売）に再参入を企図しようにも、既にそこには商圏を確立した業者が群雄割拠していて、その最後発の列に加わる旨味は薄れていた。

こうして、大きな政策転換と期待された附款撤廃は、しかし業界の取引構造に与える影響は大きくはなかった。

いずれにせよ、業務用酒類販売業という業態は、終戦直後の附款によって成立したといえるし、昭和46年の附款撤廃後に附款導入以前の状態に戻る業者が極めて少数だった事実をもって、一つの業態としての確立が決定的となったといってよいであろう。

さて、附款が導入された昭和24年に話を戻す。

久一郎の布屋本店も当時卸販売を兼営していたけれども、附款の指令が発せられたときには小売を選択した。[※7]

このようにして戦後再興を果した久一郎は、戦前と同様の商売を単に再開するのではなかった。これまでの自社も含めいかなる同業者もやったことのなかった革新的な販売方法を次々に開発し、勃興期の飲食業とそれを支える業務用酒販業界をリードして行った。のちに大手小売企業によって体系化されることになる斬新な販売方式の先駆けとなったのである。その意味で、

「時代を先取りしたイノベーターであった」といえる。

※7　これによって業務用酒販業者として生きる道を選択したといえる。

第2章　サプライヤー起点の「顧客の販売革新」

――流通業・外食産業における近代経営システムの先駆事例

1　戦後外食産業黎明期における販売イノベーション

前章において、第2次大戦後の復興期に業務用酒類販売業という一つの産業分野が創始されたことを概観した。

業務用酒類販売業者が主として対象とする市場は外食業である。

空襲による焼け跡のヤミ市から東京の外食市場は急速に成長し発展していた。これまでも日本には外食が一般庶民層においても文化として社会基盤となっており、江戸期の庶民風情を伝える古典落語の世界においても、蕎麦屋や料理屋が描かれている。蕎麦、うどん、寿司、おでんなどは当初は屋台による移動販売の形式が主流だったと伝わるが、徐々に常設店舗の比率が高まって行った。

これらの店舗に対して、長期的・継続的な取引関係を構築して、酒類の安定的な供給を行うのが業務用酒類販売業者だった。

取引のエッセンスはBtoB（Business to Business、事業者間取引）であり、顧客である料飲業者が再販売する目的の商材を納入し、その数量は一般消費者よりも格段に多く、また一度にまとまる荷姿も一本二本といったバラではなく原則として函単位であり、決済は都度現金からスタートするものの信用状況が許せば掛売に移行する。また、品物は買い手の使う位置まで届けるというような取引の特徴からすれば、この納品形態は明らかに卸行為である。

国家の統計を管轄する総務省統計局の定める日本標準産業分類表によれば、再販売目的の物品の販売を「卸売業」と称するとされている（表１）。

ところが、酒販業の場合には総務省の産業分類とは別に、大蔵省（現在の財務省）が所轄する酒税法による規定が存在する。酒税法によれば、酒販免許業者へ販売する行為だけを「卸売」と称し、飲食店は酒販免許業者ではないから、飲食店へ販売する行為は、それがどんなに産業分類上の定義では「卸売業」に該当する行為であっても、酒税法上は「小売」に分類される。

これが欧米各国の制度と根本的に異なる。

欧米各国では飲食店も酒販免許（リカーライセンス）を取得しなければ来店客に酒類の提供はできない。しかも、酒の種類別に免許が細分化されているため、一軒一軒に付与されているライセンスの種別によって、たとえばビールは提供して良いが、ウイスキーは不可といった店がまったく珍しくないのである。

このように、日本では業務用酒販業者は、総務省統計局ならびに経済産業省の所轄

表１　総務省「日本標準産業分類」(平成25年［2013年］10月改定) より

分類コード：I
項　目　名：卸売業，小売業
項目の説明：総説

大分類 I —卸売業，小売業

総　　説

この大分類には，原則として，有体的商品を購入して販売する事業所が分類される。

なお，販売業務に附随して行う軽度の加工（簡易包装，洗浄，選別等），取付修理は本分類に含まれる。

卸　売　業

1．卸売業とは，主として次の業務を行う事業所をいう。

(1) 小売業又は他の卸売業に商品を販売するもの。

(2) 建設業，製造業，運輸業，飲食店，宿泊業，病院，学校，官公庁等の産業用使用者に商品を大量又は多額に販売するもの。

(3) 主として業務用に使用される商品｛事務用機械及び家具，病院，美容院，レストラン，ホテルなどの設備，産業用機械（農業用器具を除く）など｝を販売するもの。

【以下省略】

産業分類では、飲食店に対して販売する事業所は「卸売業」に分類されている。この「大分類 I 」の I はローマ数字ではなく、アルファベットの I（アイ）であるする経済統計上の主体としては卸売業者であるけれども、酒税法上は小売業者とされているのである。

さて、飲食業は終戦直後の時点では、第1章で提示したアドバンテージ・マトリクス上ではまさに、分散事業から特化事業にシフトする者が現れる前夜という段階だったといえる。

おいしい、安い、便利、立地がよい、主人の愛想がいい、というように、いろいろと切り口（＝戦略変数）がある。客の側が評価する軸が多様だから、多様な店が直接に同質競争をせずにすみ分けている。ときあたかも、市場は人口が増大していくし、個人の所得も上昇傾向で、外食にかける金額も増えていた。そういう意味では産業のライフサイクルの点では黄金期に入る前の黎明期というもっとも面白い時期だった。

ここで久一郎が導入したのは、のちに外食業では当たり前になるような経営手法だが、当時はまだそれぞれの手法にはネーミングが付されていなかったから、それが斬新で革新的なものだったという認識は、誰にもなかったと思われる。

しかし、これを発案できた要因は何であったのだろうか。何かの情報源にアクセスして、米国の最新の経営手法を学んだとは思えないが、独自に徹底して合理的に考え抜いた末に、同様の手法を編み出したのかもしれない。しかし、いまとなっては判然としない。

いずれにしても確定的にいえるのは、そういった最新経営手法を同業に先駆けて導入したばかりか、実際に多店舗化と高収益化を実現したということだ。

単に多店舗を展開したということであれば、別に驚くことは何もない。久一郎が実行したのは、販売先である飲食店からの注文を待つのではなく、革新的な販売方法をいろいろ開発したことにある。


終戦後の日本では、今のように飲食業という業態が完全に成立していた訳ではなく、戦後の復興期に急速に拡大する需要が溢れるようにある中で、供給が圧倒的に不足していた。需要不足のデフレ経済に慣れてしまった現在では想像することすら困難になってしまったが、人口構成もピラミッド型で、要するに発展途上国型の社会構造だった。需要は急拡大しているが、供給が既存業者だけでは到底追いつかない。だから、新規参入が毎日のように相次ぐという誠に活気あふれる経済社会だったのだ。

こういうときには、「モノ」を持っているものが強い。これも「モノ余り」の今では想像しがたいことだが、当時は「モノ不足」時代だった。買ってやるという者にはモノが売ってもらえなかった時代である。販売業者に対してはとにかく売って頂く、分けて頂くという姿勢だった。だから、モノの仕入先を確保している酒屋は、黙っていてもお客が来て酒が売れていた。**しかし久一郎はそれに安住しなかった。**

●飲食業のノウハウを伝授

飲食に対する需要が急拡大していて、既存の飲食業者だけでは供給が追い付かないから、新規参入の業者がどっと参入してきた。彼らは、行商人であったりパチンコホールであったりと、それぞれの商売を営む者も多かったが、中には、復員兵でこれといった手に職を持たない者も多かった。

彼らが飲食業を始めると言っても、ノウハウを持ち合せている訳ではなかった。そこで、酒の売り方、料理の作り方から教えてあげる必要があった。飲食業における売り方とは、すなわち「飲ませ方」であった。

当時は酒屋の店頭でコップ酒を飲ませることがどこでも当たり前に行なわれていた。いまでこそ「角打《かく》ち」などとわざわざ銘打ってやっている店があるが、当時はそのような言葉自体も一般的ではないほど当たり前に行なわれていた。飲食業者は、当然だが酒を提供するにも酒屋よりも高額にならざるを得ない。いくら需要拡大期といっても、お客個人にとっては安く飲める店に集まるのは当然のことだ。しかし、飲食店が酒屋の角打ちよりも安く提供していたら収益を圧迫して長続きしないから、お客に高いと思わせない工夫が必要である。

それが、料理であり、店の居心地であり、店員のサービスであったりすのだが、それらをすべて向上させようとすると、異業種からの新規参入組には荷が重かった。なにせやったことのない商売であるから、経営者も幹部も見様見真似というところから始まった。

だから、見様見真似でもすぐに自家薬籠中らしく自信を持ってお客に提供できるような販売形式が求められたのである。

●居酒屋の現スタイルを考案

今では、魚屋直営の居酒屋というと珍しくないと感じるかもしれないが、最初に大々的にやったのは久一郎だった。

錦糸町駅前のバスロータリーにいまでも「魚寅」という鮮魚店があって来店客でごった返しているが、当時この魚屋を経営していた秋山市太郎氏に提案し、実弟の秋山徳蔵氏に具体的に奨めて居酒屋の開業をプロデュースしたのが久一郎である。（現在の「魚寅」は、同じ場所だがまったく別資本の経営になっている）

秋山氏が呑み屋を開業するにあたって、久一郎は秩父の東亜酒造の当主だった肥土《あくと》伊惣二《いそじ》氏を勧誘して、**「東亜の酒蔵」**という屋号で店を出すことにした。

醸造元からの製造直売という触れ込みは当時としては非常に珍しい存在だった。さらに店内の壁中にお品書きが一枚一枚貼り出してあるスタイルの嚆矢だった。大衆酒場としてそれはもう大変な繁盛だった。**チロリでお酒を御燗して、客のぐい飲みに注いで給仕する**方式が大ヒットして、これを他店がみんな真似して行った。

「東亜の酒蔵」は、このあと蒲田、立会川、立石などにも出店して、全盛期には五－六軒あった。東亜酒造の肥土氏は、戦争中に物資がないなかで醸造できる合成清酒の酒造組合を設立したが、その時の相棒が当時の酒造家としての久一郎だった。合成酒は一斗（18ℓ）の甕に入っていた。それを担いで運んだ記憶があると久一郎の三男の善章は語る。

もう一つが、**升入りのコップ酒**である。当時は、カウンターやテーブルの上に置いたコップに、一升瓶からどくどくと酒を注ぐ

升入りのコップ酒

だけで居酒屋が成立した時代であった。ぶっきら棒も何もなく、それがモノ不足時代の大衆店のサービスだった。それが当り前だった時代に、一合升の中に小さなコップを入れ、そこに清酒を注ぎ入れて、わざと溢れさせてお客を喜ばすという手法を開発した。しかも、高級店ではなくて依然として大衆店で大衆価格のままこれをやったから、お客は大喜びをしたし、お蔭で店は常に満席の大繁盛となった。

この飲ませ方は、昭和後期には日本中で行われるようになって、誰も珍しいとは思わなくなっているが、久一郎が思いついて得意先に教え込んだノウハウである。それが余りにもお客に受けて、大繁盛したものだから、他の事業者もこぞって真似をして、急速に日本中に普及して行ったものである。今も昔も、飲食業の新サービスや新しい食べさせ方、新たなメニューなどは特許で守られるものはなく、いかに巧く、早く真似をするかが競われている産業である。

モノ不足であるから、誰もが知っている大手メーカーの酒は、需要が逼迫して入手しづらいし、入手できても価格面では売り手優位であるから安くならない。酒屋にも飲食業者にも儲からない商材ということになる。もっとも、後年、ダイエーの中内切が大々的に打ち出した「価格破壊」は、少なくとも酒類の分野ではこの頃には影も形もなかったから、現在ほど儲からないわけではなく、いまの基準からすれば十二分に儲かる商材であったけれども、それでも大手メーカー品の値引はまったくないか、極めて少なかった。

そこで、中間流通業者としても自社の利益確保と同時に、販売先である飲食業者にも十分な利益を享受してもらうために、新たな供給者の開拓を行なった。

これは、品不足の時に、また、より低廉な仕入価格を指向する際に、ローカル商材を探し歩くということは、ソーシングの基本動作としてチェーンストア理論の教科書に載っていることであり、実に理論的に正統な途だったのである。ちなみに、ソーシングとは仕入先や仕入品の探索と確保を行う業務である。チェーンストア理論では、購買は「バイイング」と呼称する一つの専門業務分野として理論構成が確立しており、科学的な数値面の根拠とともに、その専門担当者のなすべき業務内容が事細かに定義されている。しかし、日本企業の購買部門では、専門的な訓練を受けていない担当者が「買ってやる」という態度でいてもサプライヤーが揉み手ですり寄って来るという時代が長く(現在も)続いているために、科学的なソーシングを組織として体系的に実施している企業は、いまだに少ないのが現状である。

●高収益体質を目指して

久一郎は、地方酒をソーシングした。いまでこそ地酒はもてはやされる存在になっているが、当時は全国に名の知れた大手メーカー品が全盛期であり、地酒というのは1ランクどころか数ランク下の下等品と見られていた。

そこで採ったのは、ある特定の地酒の専売店を立ち上げることだった。名の知れた大手品と無名の地方品を一緒に売れば、お客は名の知れた大手品を選ぶ時代だった。そこで、思い切って大手品を置かずに、地方品だけで店を構成することにしたのである。

繰り返しになるが、当時の日本は発展途上国経済であるから、ローカルよりも全国ブランドがもてはやされた時代である。そこへ敢えて逆張りを打ったのである。無名の地方銘柄を売るからには、価格は割安なのは当然だが、何よりも立地を選んだ。

山手線の各駅前に一軒ずつ地方酒の銘柄を専門に販売する酒蔵（居酒屋というのは比較的新しい呼び方で、当時は大衆酒場とか酒蔵と呼んでいた）を開設する新しいビジネスモデルを創始し、「山手線作戦」と名付けて大きく展開した。

東京、有楽町、新橋、田町、目黒、渋谷、新宿、高田馬場、池袋、巣鴨、上野、御徒町、秋葉原、神田、錦糸町（ここだけは山手線ではないが）と店を次々に開いた。その各店は、いずれも上述した新規に飲食業へ参入した異業種の人々にオーナーとして経営にあたってもらった。

当時すでに法人組織になっていた得意先は結婚式場の雅叙園や、のちにプリンスホテルとして大規模化する国土計画などごく限られた会社だけであって、飲食業を営むのは殆どが個人事業の形態だった。彼らの中には、台湾や朝鮮半島の出身者も多く含まれており、終戦直後に駅前の一等地を確保したケースが珍しくなかった。そのような場所で、ふんだんに酒を確保して割安で提供したうえ、その飲ませ方が斬新だったから、どの店も大いに繁盛した。

地方の酒造蔵の商材をソーシングして東京で提供したのだが、それも単に仕入れて販売したのではない。マッチングの妙があったのである。

つまり、基本的に特定の酒造元の商品は、特定の飲食業者の専売としたのである。せっかく東京に初めて登場する珍しい地方銘柄をもってきても、一気に複数の販売業者に同時に卸して売り始めると、その稀少性は低減してしまう。お客は「ほかの店でも飲める」となれば、その店だけに通うこともなくなる。店側も、競合店でも扱っている商材には愛着や思い入れが湧かずに、販売にも力が入らない。まして、価格で競争することになってしまっては、誰の利益にもならなくなる。
これに対して、専売制を採り入れることで、販売業者の銘柄に対する思い入れを醸成した。これによって店は固定客の基盤を構築することができたし、店員にも自店だけで販売している銘柄に対する愛着が生まれ、販売促進が自動的にできあがる好循環となった。

●専売で高収益を確保

こうして、飲食業に新規参入した異業種の経営者は、飲食業の高収益性、初期投資負担の比較低廉性、投資回収期間の早期性、現金商売による回収の安全性と超短期性（現金引換えに限る）など、商売としての数々のメリットに魅了され、二軒目、三軒目と出店を重ねていく事業者が相次いだ。

この出店にあたっては、飲食事業者が設備投資を行うにあたり、専売となる地方酒蔵からも資金面の援助を求めたのが久一郎の新事業モデルであった。

地方蔵の清酒といえば、当時は地元で細々と飲まれるだけであり、東京で無名の地酒が売れることなど誰も夢にも思ってもいない時代だったから、東京の、それも山手線の駅前の一等地で自社銘柄の専売店が持てるということになれば、地方蔵の経営者の中には喜んで資金提供を行う者が続出したのである。

中でも、「日本橋魚がし」の八重洲の店はとりわけ繁盛した。場所は日本橋の柳家本店と丸善本店の間、高島屋の向かいの路地を東京駅八重洲口の方へ進んだ現在の日本橋二丁目で、連日大盛況だった。この店で提供する清酒も、久一郎がソーシングしたものだった。それは、同じ滋賀県出身の山星《やまほし》という酒造元が埼玉県の行田に保有していた蔵で造っていた「雲龍」という銘柄だった。この清酒などは、東京ではほとんどここだけで出されていた時期が長かったが、蔵元はこの八重洲通りの一軒だけで大きな利益を上げていた。布屋本店をのちに継承した上野善章が晩年になって「久一郎はみんなを随分と儲けさせた功労者といえる」と述懐していることである。

2　製造直売ブティック型の多店舗展開

このように、一軒の飲食店では一つの銘柄だけを販売する「ブランドブティック」型の経営と、その銘柄の商品は他の店舗には卸さないからお客は当該ブティックに対するロイヤリティーが自然と向上するという「専売制」の経営を同時に導入し、完成した。

これは、ユニクロの店ではユニクロ製品しか扱っていないし、ユニクロの商品は他の衣料品店では購入できない、というアパレルでいうところの「ＳＰＡ(Specialty retailer of private label apparel) ＝製造直販・製造専売」の形態を酒類において先行的に実現したものといえる。

店舗名は、酒造蔵元の名称を前面に出した。たとえば、秩父の清酒「晴菊」であれば「晴菊の酒蔵」とか、滋賀の清酒「貴生娘」の店であれば、そのまま「貴生娘」と看板に掲げてそれを店舗名にするという調子だったから、銘柄の名前は急速に東京でも浸透することになった。

商品の供給だけでなく、看板に掲げる店舗名の商号も商品供給元から店舗事業者へ貸与され、前述の升に入れたコップ酒などの販売ノウハウも提供され、さらに、設備投資の一部援助もあった。

これだけではない。客あしらいに長けた熟練の店員や、調理人などの職人についても、異業種から新規参入した事業者にとっては門外漢であったから、これらの人的資源についても具体的に人材を次々に発掘しては販売先の店舗に投入していった。

店舗事業者にとっては、経営資源の大半とノウハウのほとんどすべてを仕入先に頼っていれば、ほとんど自動的に売上が上がり、毎日の現金収入による莫大な利益が計上されていったのであった。

3 フランチャイズチェーン型の本部・加盟店関係

久一郎の店舗展開は、のちのフランチャイズチェーン（FC）の仕組に近似している。すなわち、本部（布屋本店）から加盟店（料飲業者）への店舗ブランド貸与、独自商材供給、排他的商圏の確保、マーケティング、集客、与信、販売ノウハウ提供、経営資源の提供などが包括的かつ体系的に行なわれていたのである。

久一郎が米国の流通業を学んでFC制度を導入したという記録はない。しかし、実施していたことはFC制度そのものだったといえる。

もっともロイヤルティー（経営指導料報酬）の徴収制度を導入していたわけではなかったから、チェーン本部の報酬としては商品の販売マージンだけに限定されていたと思われる。しかし、顧客店舗が単店ベースでも増収増益のうえに、2号店3号店と店舗数も増えて行ったから、顧客側も仕入価格を値切るという現在のデフレ経済下のようなこともなかったし、専売制のために他の仕入ルートで同一商材を仕入れることが不可能だったこともあって、本部にも必要最低限の利潤はもたらされていたものと推測される。

地方酒蔵（製造者）――布屋本店（卸売業者＝チェーン本部＝コーディネーター）―飲食業者（加盟販売店）―顧客（最終消費者）の4者のすべてにおいて、ウィン-ウィンの商取引関係[※1]が構築されていたことは確かである。当時の久一郎の販売先の事業者の中には、これによって初めて外食産業へ進出し、それを基盤として後に外食企業として規模を拡大していった会社も多く輩出している。

コンビニエンスストアやファーストフード店などにおいて隆盛を極める現代のFCチェーン本部は、加盟店に対して人材教育は施すことはあっても、店舗運営人材の紹介を行うことは、正規の業務としては構造化されているわけではない。

他方、当時の布屋本店においては、販売先の経営者が新規店舗を開店する際[※2]には、店舗支配人や料理人などを紹介することを大半のケースで当然の業務として実施していた。

これに対し、1990年ごろから2000年代初頭にかけて大いに普及し、それによってIPO（株式の上場・公開）に至った新興企業も多かったFCブームの頃には、FC本部はとにかく加盟店を勧誘して加盟店数を増やし、加盟金とロイヤルティー収入を自己目的化し、加盟店の収益やその先にいる最終消費者の満足などは二の次、三の次という姿勢の企業も残念ながら珍しくなかった。これが、「ブーム」が去ったあとに顧客離れを起し、加盟店の多くは赤字に転落、それにつれて当然ながら本部も新規加盟店が枯渇して、加盟料もロイヤルティー収入も先細りとなって倒産や身売りに至ったFC事業は数知れないという惨状となった。

久一郎の起した「実質的なFC本部事業」では、加盟金もロイヤルティーも収受していなかったから、当然そのような目先の利益にはまったく興味がなく、販売先がいかに儲けるか、そのために最終消費者をいか満足させるかという商売人としては至極当然の経営姿勢を貫いていた。

※1　新自由主義的な経済活動が跋扈した21世紀初頭に喧伝された「ウィン-ウィンの関係」とは、取引当事者双方が利益を得るのではなく、強い立場の一方が弱い立場の他方の分まで利益を収奪するという、「強者が2回勝つ」ことを称していると経営学者の加護野忠男は警鐘を鳴らしている。（出所／奥村昭博・加護野忠男、日本のファミリービジネス：その永続性を探る、中央経済社、2016年、169頁）

※2　平成期以降に顕在化した人手不足に対処すべく、店舗のアルバイト募集の支援業務を始めたコンビニチェーン本部も出てきたが、店舗採用の従業員が加盟店を超えて転職するサポートを構造化してはいない。

久一郎の展開していた**「〇〇の酒蔵」**チェーンにおいて供給されていた地方清酒は、販売店ごとに別々の製造者による別々の銘柄であったから、販売店の独自専売商品ということになり、まさにPB(プライベートブランド)そのものといえる。久一郎の開発した新しい販売方式は、**戦後日本の流通業における販売革新の先駆的事例であった。**

4 プライベートブランド(PB)、ストアブランド(SB)

プライベートブランド(PB)とストアブランド(SB)は、本来異なる概念である。日本リテイリングセンター編著『チェーンストアのための必須単語1001』(2010年版)によれば、SBとは「チェーンストアが独自に製品開発した商品」であり、これに対してPBとは、「ナショナルブランドのない商品分野で」チェーンストアによって開発された商品と定義されている。

つまり、先行するナショナルブランド(NB)があるかないか、という部分で根本的に異なっているのである。先にNBがあって、それを模範として安価に販売できるように販売店側で工夫して開発したものがSBであるのに対し、PBは先行するNBのない商品分野自体から販売店側が開発して商品化したものと解される。

とはいえ、現在の流通業界においてこれを厳密に理解している企業は少ない。大々的にＰＢを展開して成功している二大流通グループのセブン＆アイ・ホールディングスとイオンにおいて行われているのは、ＮＢタイプの商品を独自に工夫したものが主流であり、それらをＰＢであると主張している。本来であれば、それらはＳＢとすべき商品群であるが、既に消費者やマスコミの間でも、ＳＢではなくＰＢという用語を用いることが一般的となっている。

ここでは、販売店が競合他社（他店）には流通されない商標の商品を独占的に調達して販売することを当該商品の製造者もしくはその製造者の専属的な代理店の地位にある卸業者と契約を締結している商品をＰＢとしておく。ＰＢの実務においては、誰が主導して開発するかによってパターンが分れる。

卸業者主導のＰＢは、その卸業者が製造メーカーとの契約によって自社にのみ供給させる商品であり、その卸業者を経由しないと入手できないことから、卸業者の自社差別化の手段として活用される。これに対して、販売店主導のＰＢは、最終消費者に販売する末端の小売販売店が他の競合する小売販売店との間で差別化を行うために自店のみで調達し販売できる商材のことである。

ＰＢの機能は、差別化である。ただし、「差別化」と、「自称差別化」とは、厳然と区別されなければならない。

自称差別化とは、製造者・卸業者・販売店などの供給者側が「ほかの商品とは違います」と称して「だからこの商品のほうがすぐれています」と主張している状態である。ところが、その「違い」なるものは消費者（もしくは、BtoB商品においてはユーザーたる事業者といってもよい）の側では、その違いをよく認識していないことが高頻度で生じる。

「よく認識している」とは、この場合、「違うことによって購買意思決定・購買行動に変化を生じさせている」ということで証明される。すなわち、「高価格であっても買う」and/or「購買頻度が競合品よりも高い」というところまで到達しているかどうかである。それは究極はブランドロイヤリティーにつながるわけで、ブランディングの重要なプロセスなのである。


たとえば、消費者は「晴菊の酒蔵」に行かなければ、東京では「晴菊」を飲むことはできなかったから、「晴菊の酒蔵」の経営者にとっては、他の居酒屋との差別化は明瞭だった。また、卸業者である布屋本店にとっても、「晴菊」の醸造元である東亜酒造との約定によって、「晴菊の酒蔵」の指定店舗以外の流通業者へ同銘柄の商品を供給することはしなかったから、価格競争に陥ることはなく、安定的な利益を確保することができた。

なお、この約定では蔵元よりも卸業者や販売店のほうにメリットが大きいようにみえるかもしれないが、販路を限定し、販売店同士を競わせずに、安心して販売に当らせるほうが、実は製造業者としてもメリットが大きい。

同じ業界、同じ地域内で競合している販売店同士が同じ商材を取り扱うようになると、再販価格維持制度の適用される新聞や図書など特別な商品を除けば当然に価格競争に陥る。仮に販売店側で価格競争に突入したくなくても、総需要が減少している経済下では、利益の確保のためには販売量の確保が必然であり、そのためには少々の単価の切り下げを伴ってでも新販路に活路を見出すほかに有効な手立てではないわけである。

製造業者にとっては、自社商品の出荷先である販売店同士が、当該商材の販売において価格競争を繰り広げることは、二つの意味で好ましくない結果を招く。

一つには、同じ商品をめぐって価格競争を繰り広げる販売店から、出荷価格の切り下げ（値下げ）を要求されることである。

出荷時の仕切価格の値下げだけではなく、販売数量に応じた割戻金（リベート）を出すように要求されることもあろうし、その双方を出す羽目になることも考えられる。出荷価格の切り下げは、当然それ自体減収要因であるが、販売割戻金の導入などは、事務の工数が飛躍的に増大するので販売管理費の上昇を招く。

こうして、販路を戦略的な視点なく（あったとしても正しい視点ではなく）拡大したばかりに、逆に利益の減少となってしまうこともある。

二つめの弊害は、最終消費者への悪影響である。

販売店同士の価格競争によって、製造者にとっては市場における自社商品の価格がじりじりと低下しているのであるから、購入しない一般大衆の眼にもその商品の価値が低下しているように映ってしまう。まして常連客は「どっちの店が安いのか」ということに関心が行くことになり、従来のように「この商品はこの価格で一定である」という安心感が喪失して、「高値づかみをしたくない」という不安感を抱くことになる。これなどは、まったくこれまでにはなかった感情である。

こうなると、その時まではその商品に対して信頼して気に入っていた消費者のブランドロイヤリティーが、急に低下していくことを意味する。

何の疑いもなく繰り返し購入し、他の銘柄の事を微塵も気に掛けなかった非常に強固な常連客が離反を考えてしまう瞬間である。「ひょっとしたらほかの商品のほうが安いかも知れない」と考えて、試しに買ってみると、自分の知らない商品のほうが価格対効能において優れていたことを発見してしまうということもあり得るのである。

ここまで来てしまうと、販売店同士の価格競争によって販売店への出荷価格が切り下がり始めていた時点では、製造業者の利益は若干減少しても出荷数量はまだ辛うじて維持できていたものが、製造者としての競争相手である「他の製造者」に最終消費者が乗り換えてしまうことで、製造者としての出荷数量自体が減少に転じてしまうという最悪の事態を招来する。

以上のような結果、戦略的に正しくない方向への販路の拡大は銘柄の価値（ブランドエクイティー）の低下を招く。これを事前に回避するのが専売制のＰＢ制度だったわけである。

専売制によって、製造メーカー、卸業者、販売店の３者がウィン-ウィンの関係性を享受し続けることができた。さらにそれら供給者グループのみならず、需要者である最終消費者にとっても、自己の嗜好によって決定した**「好みの銘柄」**については不安感を抱くことなく「安心して購買を続行できる」という**「ブランドと愛好家の相思相愛関係」**が醸成されるという意味において、最終需要家までも含めたサプライチェーン全体の協調関係が満たされていたといえる。

すなわち、これらのイノベーションは、**自社の売上増のために考案されたものではなかった。直接の販売先である外食業のさらに顧客である来店客（一般消費者）のメリットに立脚した新たな価値の創造だった。「顧客の顧客」を見据えたサプライヤーの起した取引構造全体を巻き込む一大イノベーションであったといえる。**

このような斬新な事業モデルを次々に開発し実践していったことで、久一郎の率いる布屋本店は業容を拡大し、国税庁の発表する酒類小売業免許による一販売場あたり清酒販売数量では、三越本店に次いで全国2位を保持したと伝えられる。

5　発泡酒「ライナービヤー」の開発と発売

久一郎のアイデアマンぶりは、販売業に留まらなかった。

自身で清酒醸造業を最後までやっていた蔵元魂が甦ったのかもしれない。平成6（1994）年にサントリーがビール風の発泡酒「ホップス」を発売して一世を風靡したことに先立つこと40年前には、息子で醸造学者の上野雄靖を含む業界の有志と組んで「ライナービヤー社」を設立し、発泡酒税制の枠内でビール風味の酒類として「ライナー」を開発し、全国発売した。

ライナービヤーのポスターが見える当時の社内小売部

上野雄靖（久一郎の次男）は、北海道大学農学部農芸化学科を卒業し、国税庁醸造試験所で研究していた。醸造学の分野で農学博士号と技術士資格を取得した。

ライナービヤー社の最終工程は養命酒酒造に委託し、宣伝ポスターには大ブレーク前の石原裕次郎を起用していた。（近年になって地上波テレビ番組「お宝鑑定団」においてそのポスターが出品されていたとの情報もあり）

なお、上野雄靖らによる国税庁醸造試験所の発泡酒研究に関する論文は、現在でも文部科学省所管の科学技術振興機構が運営するJ-Stage

（学術雑誌の電子プラットフォーム）にて閲覧可能である。（公益財団法人日本醸造協会、日本醸造協會雑誌55(2)，128-126頁、1960年）

ライナービヤー社はその後、既存大手ビール会社から「消費者がビールと混同する恐れがある」として販売差し止めを求めて提訴された。昭和40（1965）年6月4日、最高裁判所第2小法廷は、

「雑酒たる発ぽう酒の容器、包装および広告に、商品名として、単に「ライナー」と表示するとともに、製造者の商号である「ライナービヤー株式会社」およびその英語名である「LINER BEER Co., LTD」と表示したとしても、これをもつて直ちに「ビール」との誤認混同を生ずることはないと解するのが相当である。」

と判示し、原告のビール製造会社4社の上告を棄却する判決を下し、ライナービヤー社の勝訴が確定している。（最高裁判所判例開示サイト、http://www.courts.go.jp/app/files/hanrei_jp/689/077689_hanrei.pdf、不正競争行為差止請求事件、事件番号 昭和38（オ）1149）

その30年後にそれらの大手各社が、消費者にビールの代替品と認識させる広告宣伝を展開して、ほかならぬ発泡酒の販売に血道を上げることになるとは皮肉なものである。

第3章

上野久太郎家の沿革

1　江戸・明治期の上野久太郎家

前章でみた戦後日本の流通イノベーションの先駆者の、そこに至る足跡を見てみることにする。

上野久一郎は、父・八代目上野久太郎（安政5〈1858〉年生）、母・かゑ（文久2〈1862〉年生）の長男として、明治26（1893）年に生まれた。九人兄弟の長男だったが、姉三人のうち一人と弟四人のうち二人の計三人は夭逝しており、長生したのは姉二人、弟二人、妹一人だった。

父は、明治41（1908）年、久一郎が14歳のときに世を去る。家督を相続した久一郎は五人の姉、妹、弟を父代りとして養っていくことになる。

久一郎出生時の生家は、清酒醸造業、養蚕業を兼営する稲作農家だった。

それより遥か以前には、現在の滋賀県の北部、福井県に近い塩津近辺で蚕糸業を営んでいたと伝える。その後、同じ近江国のもう少し南に位置する、現在でも布屋本店名義の地所といくつかの建物が現存する現・長浜市川道町に、近親と伝えられる三つの家族と共に移住していたことがわかっている。

同地の郷土史家・宮川弘久氏によれば、「上野久太郎家が在所の家しか門徒として入れない浄土真宗の古刹である明願寺の門徒になっている事実からすると、本願寺中興の祖といわれる蓮如上人の活躍した1400年代後半には、久太郎家は既に川道にいた可能性が高いと推測される」という。

同地は、平成期の町村合併によって滋賀県長浜市の市域として併合されたが、それまでは東浅井郡びわ町（町制施行以前は、同びわ村）、以前には大郷村《おおざと》に属していた。

以下は、宮川氏への聞き取り（2019年11月13日、同氏自宅にて実施）を基に再構成している。文書の解説については第8章「江戸時代における江州川道村酒造家の推移と上野久太郎家」を参照いただきたい。

●滋賀県長浜市川道町

平安時代には、浅井郡《あざい》には12の郷があり、そのうちの一つに川道郷があった。文献としては、平安時代の『和妙抄』に「川道郷」とあるのが、川道の名称が現れる最も古いものとされる。（『びわの歴史トピックス』びわ町発行）

郷とは国衙領におかれた行政単位で、北条などの武士によって収奪された東国と異なり、近江では天皇家直轄の国衙領が残っていた。川道郷はもともと純然たる農村ではなく、域外から流入が許容された職人や商人の多い地だった。

明治22年に11村合併によって大郷村が誕生する以前には浅井郡川道村の区域であった。昭和31年に大郷村が竹生村と合併して誕生した「びわ村」になってからも、域内の主要官公署等はその名称を変更することなく、「大郷郵便局」「大郷小学校」「大郷農協」などと昭和末期頃まで称していた。（「長浜市歴史的風致維持向上計画」長浜市・平成29年3月）

●上野久太郎家の生業

ここで、明治初期の久太郎家の商売の状況を振り返ることにする。

久太郎家は、地域の慣行により代々の家督が「久太郎《きゅうたろう》」の名を襲名していた。いまでも同地域においては、各家は商家でなくても家名《いえな》または屋号《やごう》で呼ばれている。もともとは大半が農家だったし、現在は多くが兼業農家で、都市部へ通勤している家も少なくないが、家名で呼ぶ慣行は依然として続いている。

久太郎家は、その名を布屋久太郎といったように、祖業としては布を生業としていたと思われる。ただし、布屋といった場合に、布を織る手工業者なのか、それとも布を扱う商人だったのかは判然としない。

この地は、養蚕業の盛んな地である。現在でも、長浜市の特産である浜縮緬は大変高級な絹布として有名であるが、最大の消費地である京都の絹織物産地・西陣に絹糸を納入することが江戸時代から行なわれてきたことは、長浜市史に詳しい。

当地は平成の時代に至るまで長浜の領域となったことはなかったが、長浜市史では、周辺蚕糸業者の家に保存されている史料として、曽根、難波、南浜などの旧びわ町集落の地名が見える。これら集落は川道集落から若干離れてはいるが隣接しつつ川道を取り囲む形

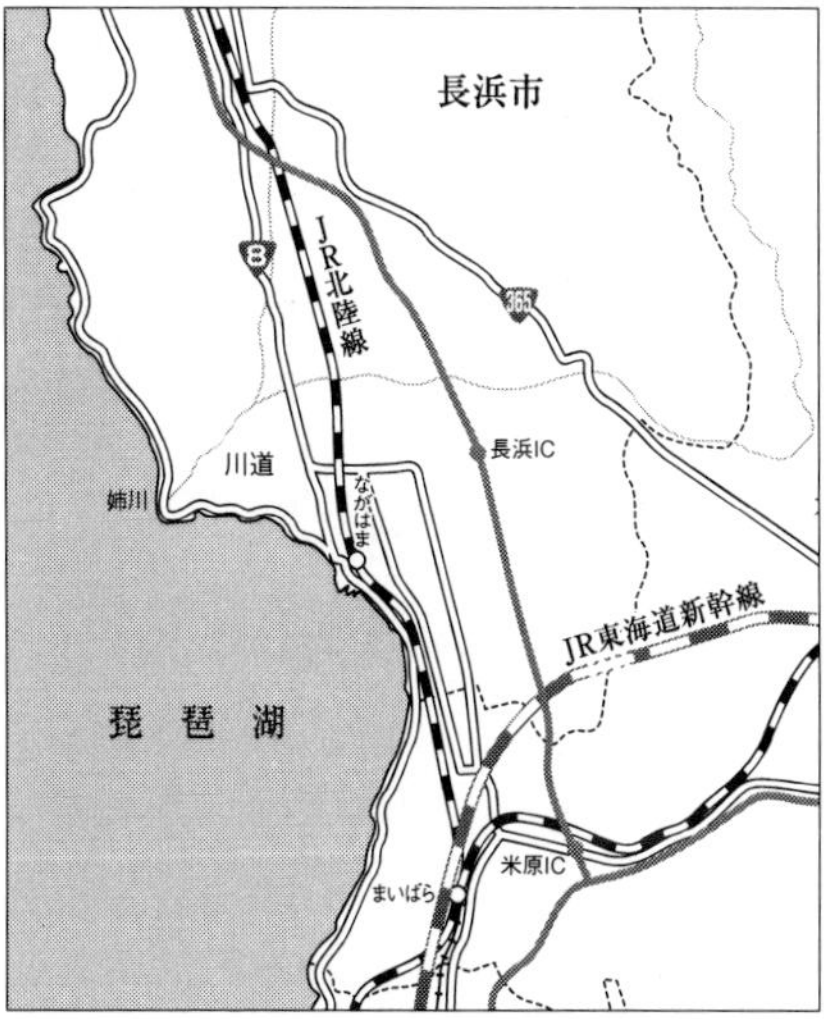

で存在している集落なので、その3集落の真ん中に位置する川道における蚕糸業の態様もほぼ同様だったと考えて差し支えないであろう。

享保9（1724）年に当地の代官が柳沢家に交代したことに伴い、庄屋が村中の諸相をすべて調べ上げて代官に報告した「江州浅井郡川道村諸色明細帳」（宮川弘久氏所蔵）にあたる。

村内のあらゆる職人・商売人の職種と人数が列記されている。

これによると、大項目は次の4項目で、それぞれその職に就いていた員数の記載がある。

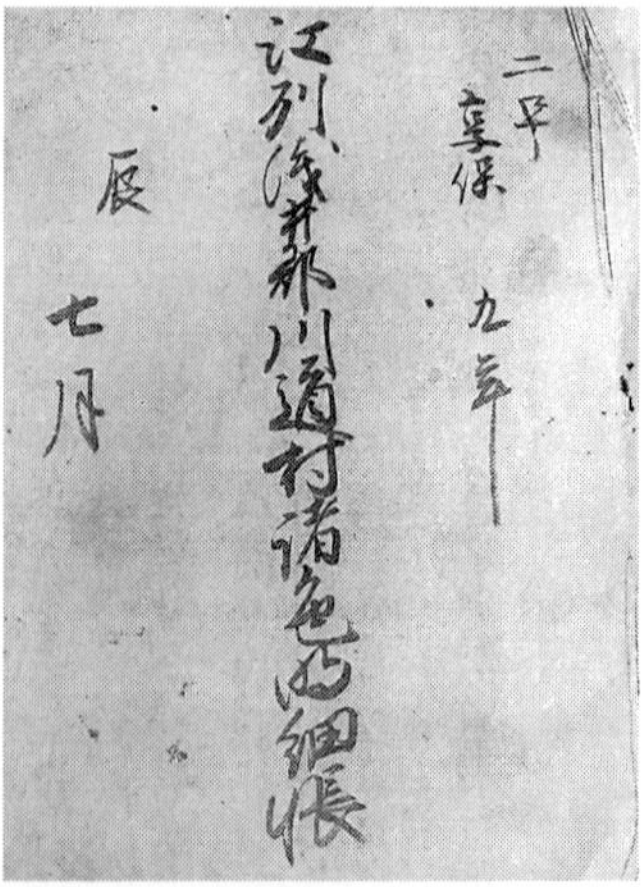
享保　九年
江州浅井郡川道村諸色明細帳
辰　七月

江州浅井郡川道村諸色明細帳
享保９年（1724）

- 酒造屋　七人
- 職人　三十一人
- 酢屋　二人
- 商人　五人

このうち、「職人」の大項目には内訳が詳述されており、次のようになっている。

- 屋根大工
- 家造大工

・木挽
・左官
・唐臼大工
・舟大工
・麹屋
・紺屋
・豆腐屋

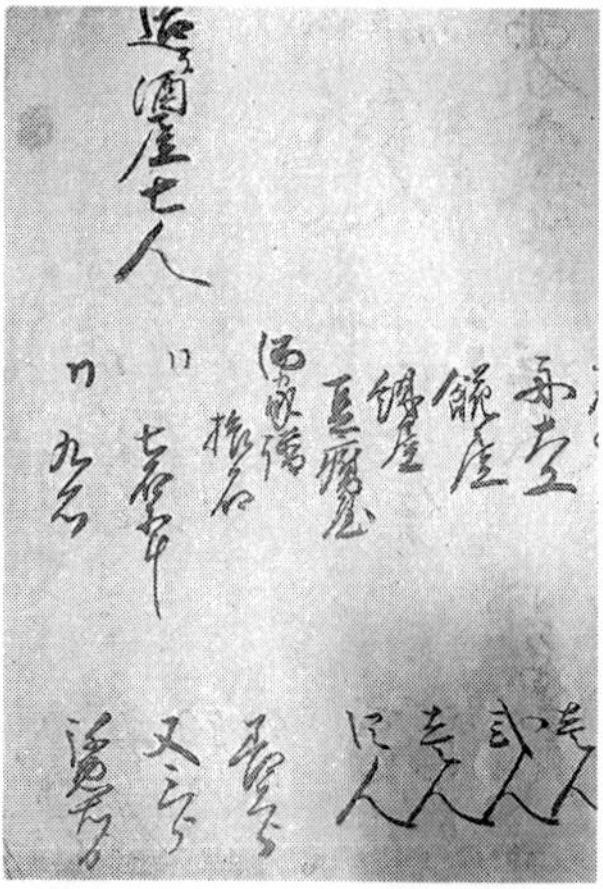
紺屋・造酒屋の項
享保９年（1724）

このように、多種多様な職業人が存在していた中で、繊維関係はわずかに紺屋の一人だけという調査結果となっている。当時同地では蚕の飼育が盛んに行なわれていたが、あくまでも稲作農家の副業としての位置づけであったことが、この記載からわかる。

蚕糸業には、蚕を飼育して繭玉を生産する養蚕農家、蚕の卵を生産して養蚕農家に売り渡す蚕種業、および、養蚕農家から繭玉を仕入れて生糸を紡ぐ製糸業の主として三つの業態から構成される。川道の地域特性からすると、養蚕業である可能性が高い。

事実、現在の久太郎家の母屋の屋根裏には蚕棚を多数設置してあったと思わせる設

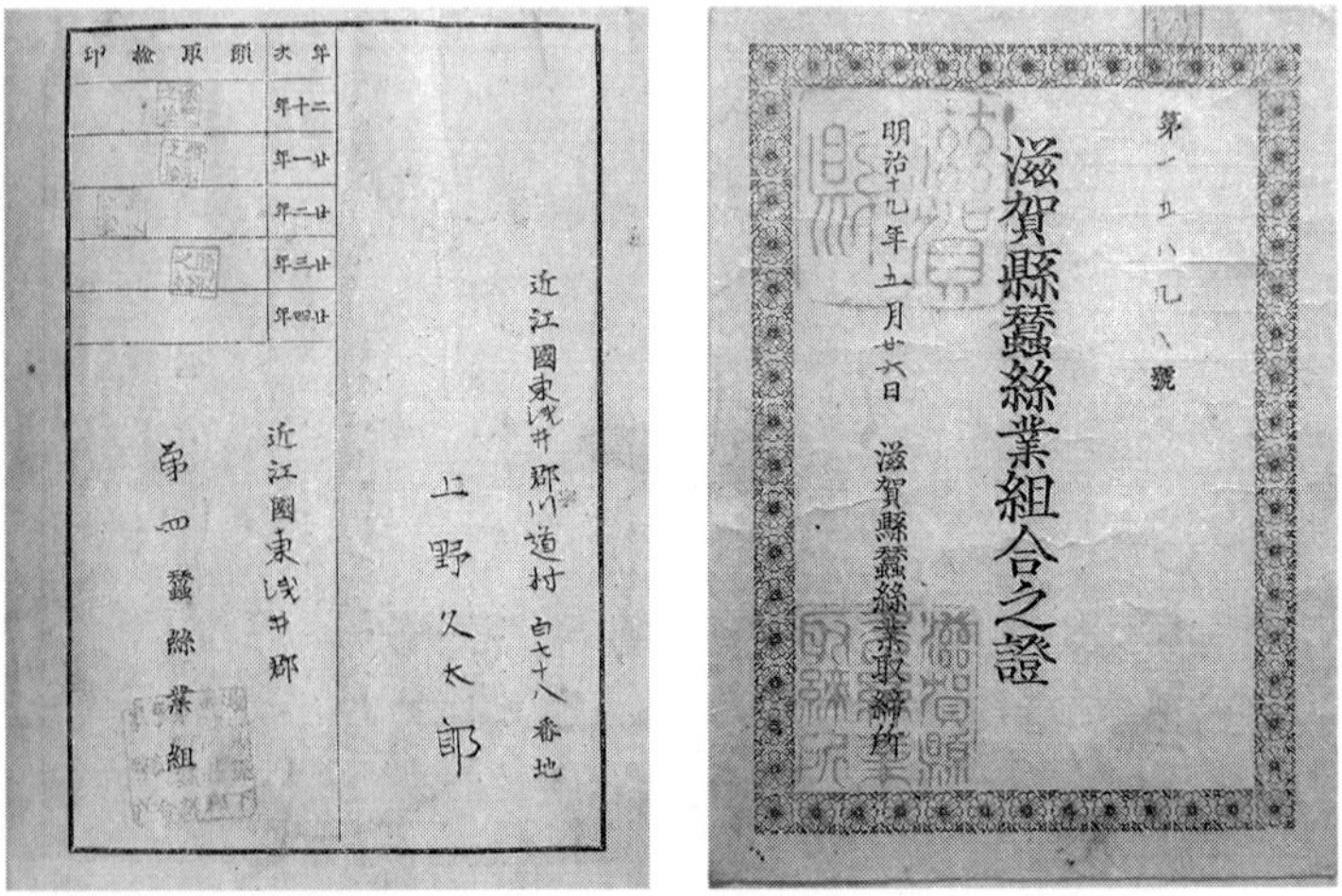
第一五八九八號
滋賀縣蠶絲業組合之證
明治十九年五月廿六日　滋賀縣蠶絲業取締所

年次｜頭取｜檢印
二十年
廿一年
廿二年
廿三年
廿四年
近江國東淺井郡川道村百七十八番地
上野久太郎
近江國東淺井郡
第四蠶絲業組

蚕糸業組合の会員証表面（右）裏（左）（明治19年滋賀県蚕糸業取締所発行）

えがある。しかし、それでは何故屋号を糸屋ではなく布屋としたのかという疑問が残る。

江戸時代に近江愛知《えち》郡に麻布織商として発祥し、現在は東京・日本橋に本拠を置き全国で衣料品問屋を展開しているチョーギン株式会社の小林一雄社長（丁吟・小林吟右衛門家八代目当主）の話では、糸を扱っていたのに布屋と名乗ることは考えられない、おたくは布を織っていたのではないかとのことだった。

「布屋」の商号の由来については、現時点では判然としない。

２　酒造業への参入

上野家は、同姓を名乗る複数のファミリーで連携して事業を営んでいたと想定される。このうち、上野傳四郎家は、江戸時代中期の享保年間には既に川道村において酒造業を営んでいた七軒のうちの一軒であった（詳しくは第8章参照）。傳四郎家に現存している代々の法名軸のうち最古の記載には、寛文10（１６７０）年2月に当主が死去し、釋道順の法名を与えられたとある。

１７００年代前半の現地の大火により、上野一族の菩提寺である浄土真宗明願寺の過去帳も焼失したため、同寺に現存する最古の記録は１７３０年ごろとなっている（２０１７年4月14日、明願寺住職への訪問聴取による）。それによれば、久太郎家では寛延元（１７４８）年に当代の久太郎が没し、釋教証の法名を与えられたとある。久一郎はこの過去帳の記載を数えて、もしくはそのような伝承により、自身を九代目と認識したと考えらえる。釋教証の当主としての在任期間を30年と仮定すると、没年の30年前から数えて第十代の上野雄靖が没する２０１４年まで２９６年となり、一代平均29・6年は、ファミリーの一世代を30年と概算する簡便法とも符合する。このことから、久太郎家に伝わる世代数には、当該大火以前の世代は「現存記録前」の扱いとして、敢えてカウントしなかったということになる。

江戸時代には日本の清酒醸造に大きな技術革新が生まれた。

それは、清酒醸造工程の最後に「火入れ」といって摂氏60度くらいの湯の桶に浸けることで低温加熱殺菌する工程である。これは英語ではpasteurizationと呼ばれているように、フランスの著名な化学者・パスツールが1866年（明治維新の2年前）に初めて開発したということになっているが、我国の清酒醸造の世界では、経験的にパスツールが開発する百年以上前から実践されてきた技法だった。※1

当時から、酒類の醸造は役所による統制が厳しく敷かれていた。このことは、当時の役所への申請書などに事細かに明記されている。

現存する古文書を年代順に見ていく。

前述の上野傳四郎家の法名軸の次に古い史料としては、久太郎家に現存する最古の文書は、文化3（1806）年寅年の「酒造桶御請書」である。

当時の酒造農家に対しては、所轄の役人が一軒ごとに酒造道具に関する詳細な検査を毎年実施しており、その際の実地検査の内容明細書である。文書の発信人欄には、「江州浅

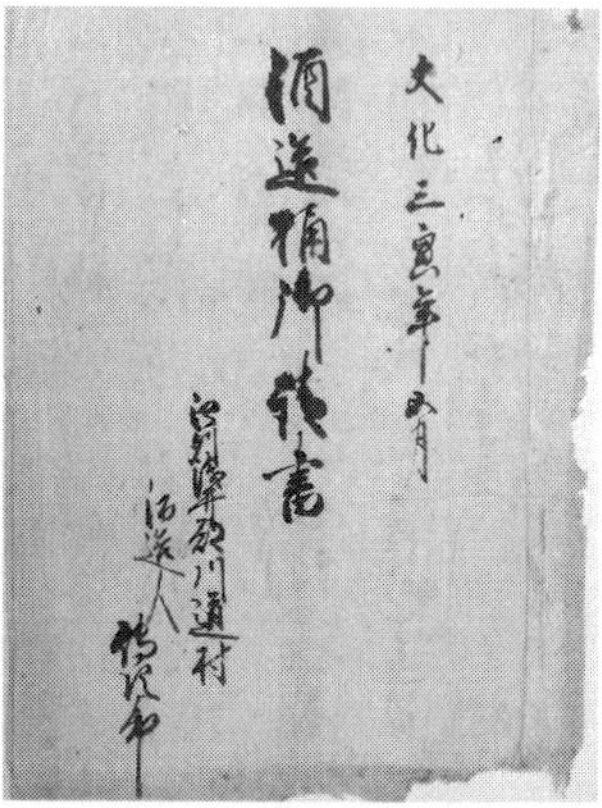

文化３年の「酒造桶御請書」

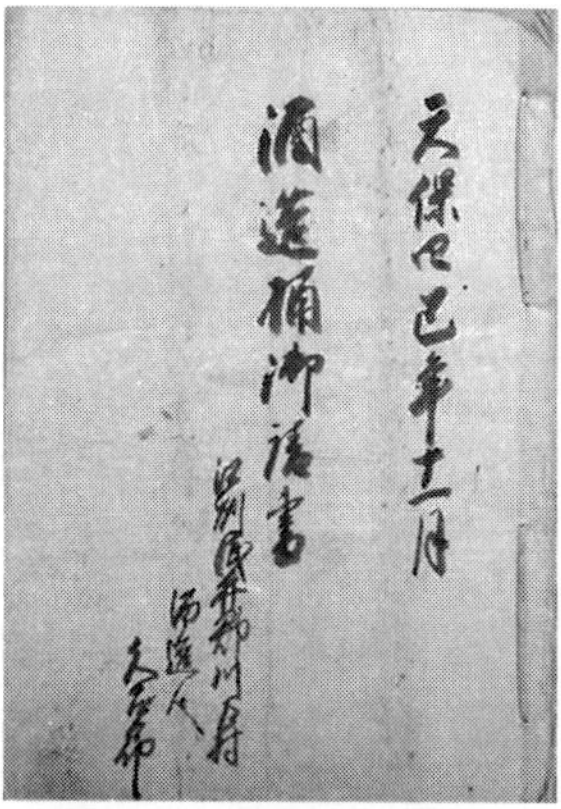

天保４年の「酒造桶御請書」
酒造人　久太郎

井郡川道村　酒造人　傳四郎」と見える。先述の上野ファミリー集団に属する一家の当主の名であり、現在も上野伝四郎としてこの家名を名乗る家が近隣に続いている。

次いで古い書物は、天保4（1834）年巳年5月の二通現存する。一通は傳四郎名義により、病身のため酒造の継続が困難となったので、酒株と酒造道具を久太郎に譲りたいという申請書であり、もう一通は同じ内容のことを譲受側である久太郎名義により申請したものである。その同年の6月からは、既に久太郎名義により発信された各種の酒造手続に関する文書が残され

※1　何年くらい前に遡れるかという点については、専門家の間でも各種の主張があって厳密には確定していない。

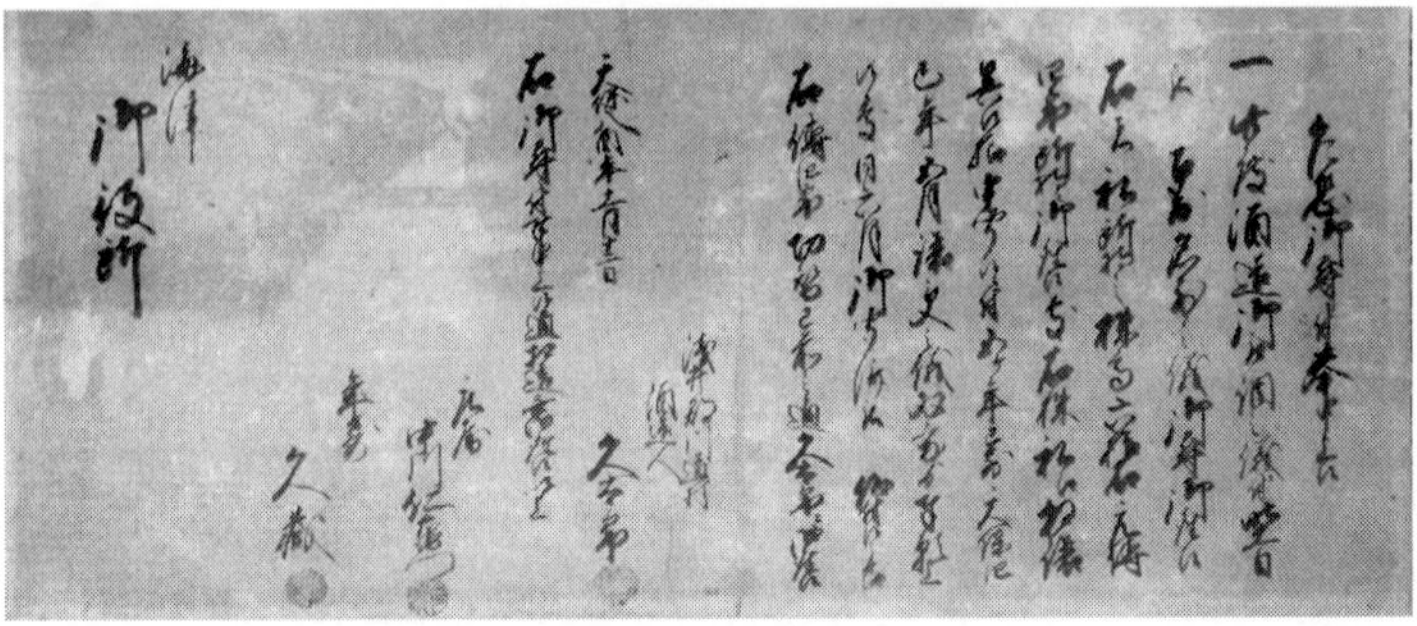

天保８年　額装版「酒造人久太郎」の記名押印

ている。

同年11月の「酒造桶御請書」では発信者は、「江州浅井郡川道村　酒造人　久太郎」（傍点引用者）となっている（写真）。以降、数年おきになってはいるが、役所に対して発信した文書（控）が現存している。中近世商家の古文書解析の専門家である静岡文化芸術大学の曽根秀一准教授の実物鑑定によれば、これほど保存状態の良い文書は珍しいとのことだった。

焦眉は、天保8年の酒造株の石高と名義に関する文書である。

これは、天保8年巳年に代官から派遣されてきた大和郡山藩の酒造役人に対して発信された文書（控）である。役人から久太郎に対して酒株の石高と名義人に関する尋問があったことに対する返答で、大義は「今から5年前に傳四郎から久太郎へ名義切替を両人が連名にて申請し、

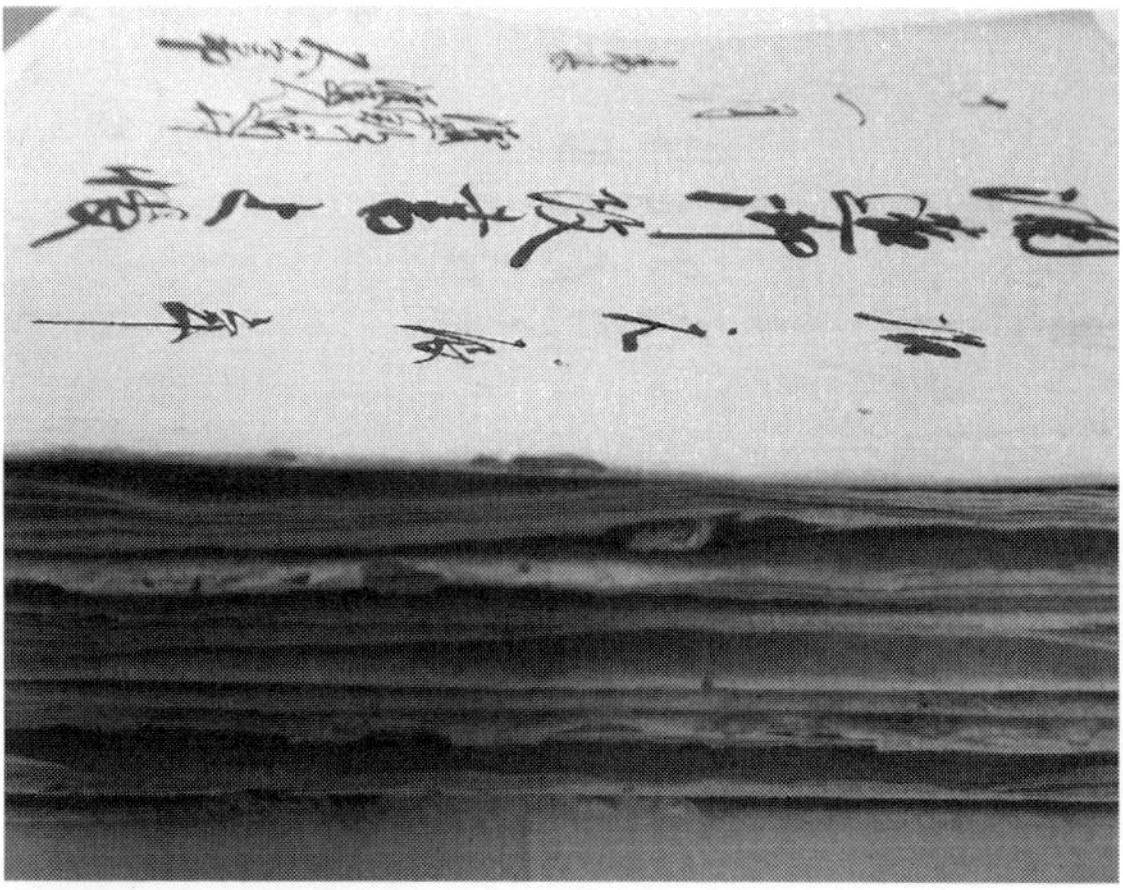
酒造関係古文書の束

許可を受けたとおり、石高は60石、名義人は久太郎」というものである。これを受けて、天保14年卯年には、代官・松平甲斐守順分の名によって酒造鑑札（免許証）が改めて交付されている（168～169頁参照）。

これによると、「酒造米高六拾石　但　元米掛米糀米」となっている。この鑑札により酒造してよい米の上限数量は60石（1石は100升）であり、それには糀（＝麹）を造る糀米、元（＝酛すなわち酒母）を造る元米、酒母の上からかぶせていって醪《もろみ》を造る掛米の三段階の工程に用いるものを含むということと思われる。

当時は免許鑑札に明記された石高をすべて酒造するわけではなく、その年の米の作柄に応じて、一律に「何分の一減らせ」という通達が役所から指示されていた。この経緯を証明するように、久太郎家文書の中にも、天保

8年酉年や慶應2年寅年に発令された「三分の一造り」（鑑札の石高の三分の一を醸造上限とする減石の通達）に応じて、醸造用具の数量検査があったことを証する文書がいくつも現存している。

同地の庄屋文書を系統的に研究している宮川弘久氏によると、享保9（1724）年時点では七軒あった川道村の酒造家が、天保以降の文書では久太郎家のみになっていることから、他の酒造家は廃業もしくは傳四郎家に対して営業譲渡がなされ、その分の酒株が傳四郎によって継承されたことになる。零細規模の同業者をロールアップ型で事業統合して経営規模を拡大する取り組みが、遥か江戸時代の昔に行われていた貴重な記録といえる。

事業規模についていえば、享保9（1724）年時点の村内七軒の酒株の石高を合計すると50石5斗となっているのに対し、天保8（1837）年文書では久太郎家の醸造石高が60石となっていることから、村内の株数を統合したうえ、役所から増石の許諾を得たものと推測される。産業構造の進化を表現するアドバンテージ・マトリクス（第1章参照）では、当時同地の酒造業は同業者の事業統合が不可避な「規模事業」となっていたことを窺わせる。

さて、明治維新がおこり、明治4年の廃藩置県によりこの地には山形の朝日山藩に代って朝日山県が設置された。明治4年未年の文書は、当初従前この地を施政下においていた大和国（現・奈良県）の「郡山藩政」に宛てていたが、その上から修正の紙片が貼り付けられ、「朝日山縣御役所」に宛てられている。発信者名には、「川道村酒造人　上野久太郎」と苗字の表記が見え、氏名の下に捺印が認められる。

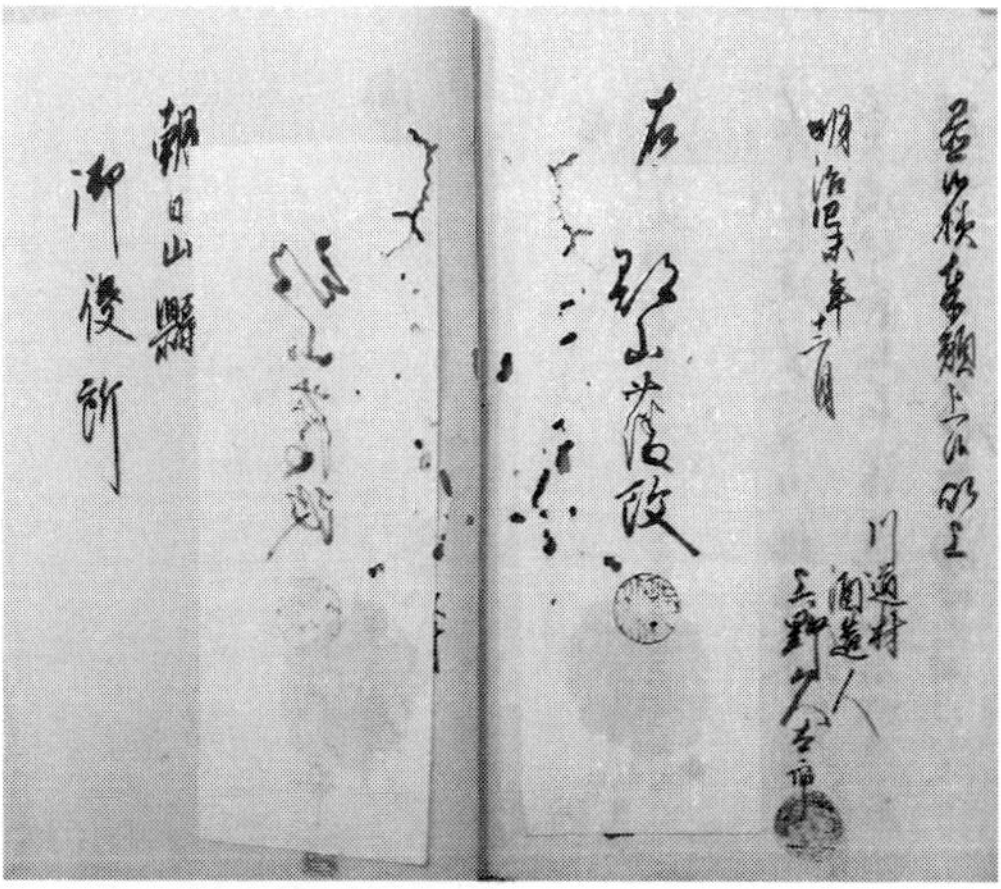
郡山藩政
川道村
酒造人
上野久太郎
朝日山縣
御役所

明治４年朝日山縣宛文書

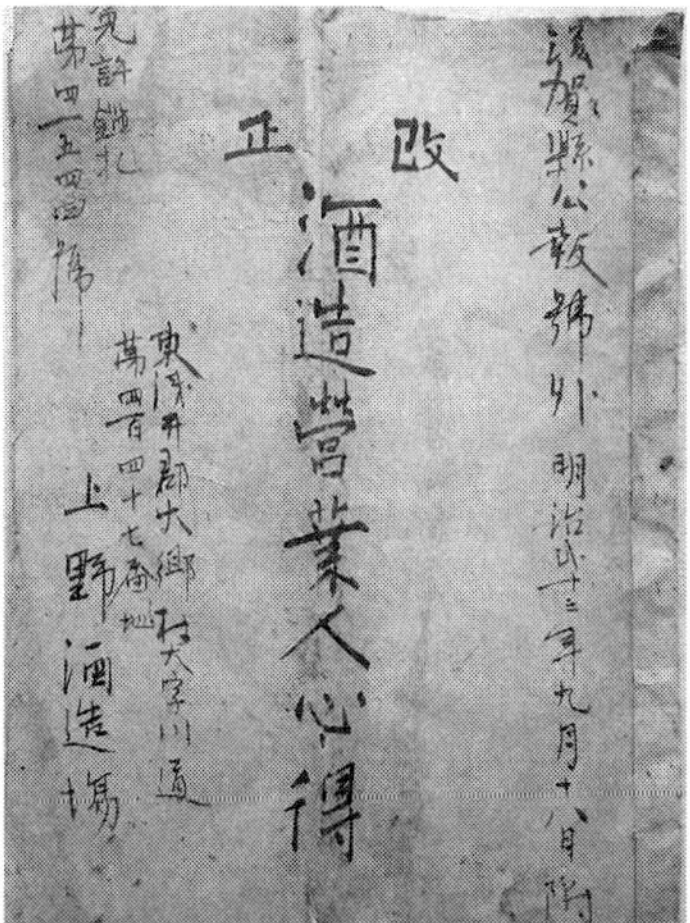
明治廿三年九月十八日附
改
酒造営業人心得
正
上野酒造場

明治23年酒造人心得

明治期の文書としては、明治17年に監督官庁より「改正酒造人心得」が交付され、「上野久太郎」と表示されているが、明治23年版の同書の表紙には、「東浅井郡大郷村大字川道四百四十七番地　上野酒造場（免許鑑札第四一五四號）」との表示に変っている。すなわち、この時期に（依然として個人営業ではあったものの）「事業所」としての名称を公に旗揚げしたことになる。

除籍謄本によると、明治維新期に当主だった第七代久太郎は、明治新政府による戸籍の編製（明治5年）以前に第八代久太郎への相続が完了しているが、生没年の記載はない。八代久太郎は安政5（1858年）年4月に生まれ、長男・久一郎14歳の明治41（1908）年に死去している。

蔵から見つかった地券

明治政府が全国を掌握すると、権限を掌握した統治者の当然の施策として、全国で検地が行なわれた。その結果として地権者に交付された地券が、久太郎家の土蔵の収蔵品の箱の中から数十枚も発見された。書式の上部には青く「大日本帝国政府」の文字があり、その左右には菊と桐の紋章が配されている。

発行年は明治11年から19年にかけてである。住所（地番）、地目、面積、地価や地租などが詳細に記載されている。現代の土地登記簿謄本（登記事項証明書）と異なるのは、地価と地代が明記されていることである。

裏面には地権者の変遷がすべて記載されている。役所の公式記録として情報を共有するのは、登記簿謄本と同様である。これを見ていくと、明治維新のときの当主・上野久太郎（おそらく七代目）が次々に地所を拡張していったことがわかる。宅地ばかりでなく、圃場や畑、山林などの地目もあるし、本拠地に隣接する周辺地所ばかりではなく、当時の浅井郡域を超えて、坂田郡や伊香郡の地所をも買収していったことがわかる。地券の原本が現存していることをみると、それらの地所は、その後も久太郎家が所有し続けていたことがわかる。

発行者は県知事である。この地域は、明治4年の廃藩置県によって、最初は朝日山藩から移行した朝日山県となったが、すぐに長浜県、犬上県などと領域や呼称が二転三転し、最終的に現在の滋賀県となる。複数の地権者を経て取得した地所の地券は紙面（といっても、紙ではなく、スフ製の書面といわれる）に疲弊が見られる反面、地券制度発足時から上野久太郎が所有していた地所の地券面は、発行されたばかりの無傷の新品の証書で、印字面や知事公印の朱も鮮明なまま現在に伝わっている。

明治11（1936）年の地券には、近江国浅井郡川道村第千七百四拾三番の宅地貳畝拾歩（＝70坪）について、滋賀県から「検査の上之を授ける」との証明がなされている。この地番の土地は現在でも株式会社布屋本店の所有である。

このころの酒造業は、江戸時代後期の技術革新により火入れが一般的な酒造法として確立し、賞味期限が飛躍的に長くなった。このことは、流通範囲の拡大を意味した。大消費地であり、また遷都により名実ともに日本の首都となった東京における清酒需要は旺盛であり、とくに灘からの「下り酒」は高級品として扱われ、実際に価格も高かった。

久太郎家の醸造した酒は、明治年間には既に関東方面へ出荷されていて、地元の村ではあまり出回っていなかったとの古老の回顧がある。[※1]

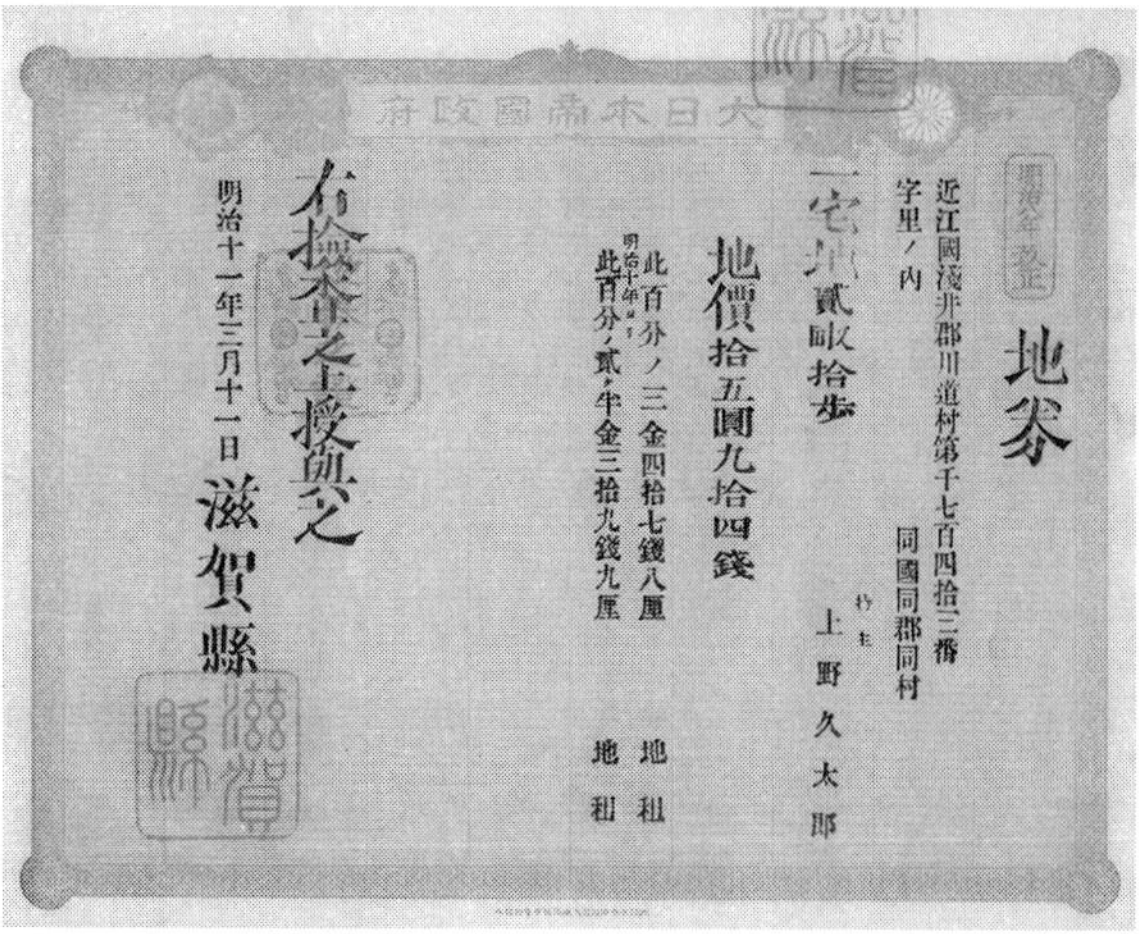
大日本帝國政府

地券

明治十年改正

近江國淺井郡川道村第千七百四拾三番
字里ノ内

一宅地貳畝拾歩

地價拾五圓九拾四錢

此百分ノ三金四拾七錢八厘　地租
明治十年ヨリ
此百分ノ貳ヶ半金三拾九錢九厘　地租

同國同郡同村
持主
上野久太郎

右検査之上授與之

明治十一年三月十一日　滋賀縣

明治11年　本拠地の地券

明治初頭　地券の束

※1　郵便制度発祥以来、代々地元の集配特定郵便局長を務めた中川徳右ヱ衛門家の当主（明治43年生まれ）に平成7年に同氏自宅において聴取したものである。

上野久太郎家の幟旗《のぼりばた》

久太郎家では、木綿製の巨大な幟旗が保存されている。絵柄は武具をまとった神功皇后と忠臣・武内宿彌に抱かれた生後まもない応神天皇というお目出度い図案となっている。

今回の出版に際し、江戸期幟旗の技法を伝承する絵師・吉田辰昇師匠にこの幟旗を写真により鑑定して頂くことができたので、大意を示す。

部分

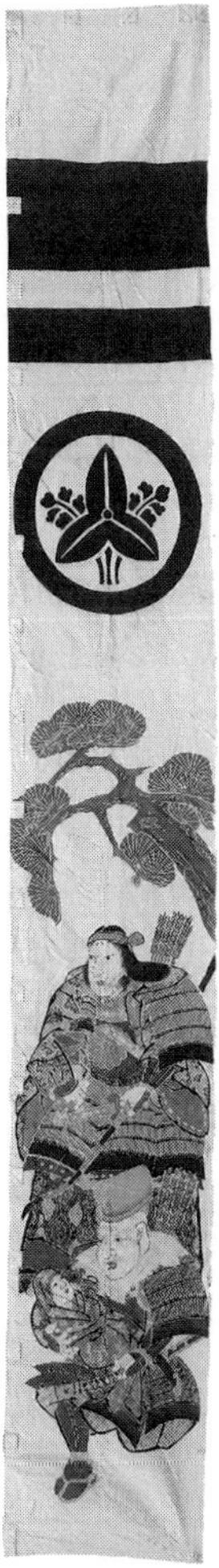

・題材　神功皇后図
・年代　江戸後期／19世紀前半
・作者　紺屋（染物業）
・技法　筒描き
・布地　木綿あるいは麻（麻＆木綿混合の場合もあり）

【技法】

「筒描き」という防染糊を用いる技法で、立派な染物だとお見受けします。

離れて鑑賞した際の見栄えを理解し、顔や手を大きく描くなど、幟旗づくりに熟練した職人の仕事です。おそらく地元の有名な紺屋で作られた品ではないでしょうか。

【お顔や手足の表現について】

幟旗は風ではためきますので、お顔や手足を大きく描くことで表情がよく伝わります。

描かれた人物のお顔が朗らかですので、当時の人々の様子が生き生きと伝わってくるようです。

【素材】

生地幅が83㎝ですと通常よりかなり広く、少なくとも木綿製は大半が輸入品だったようです。国内の木製機織り機は着物づくりに対応する都合上、幅30～40㎝で織られていました。そのような事情から幅広い布は貴重品で、幟旗では名のある絵師や立派な染物の品に使用されています。素材にもこだわった品物と言えます。

【色について】

現状では染料の退色がほとんどなく、保存状態良好です。

いわき絵のぼり吉田　絵師 辰昇

第4章　イノベーターの東京進出

酒の出荷には、それまでは杉板製の樽が使われていたが、近代化の波が到来すると、やがて瓶詰めが一般化されるようになる。

一升瓶が初めて登場したのが明治34（1901）年、一升瓶入りの清酒を初めて商品化したのは月桂冠で、明治41（1908）年ごろといわれ、ガラス製の一升瓶の量産が始まったのは大正末期のこととされている。（出所／日本酒造組合中央会、一升びんガイドブック、2018年3月）こうしたガラス瓶の一般化によって、清酒の流通構造にも変化がもたらされた。

1　事業転換と立地転換の同時進行

上野家は、早くから東京方面へ出荷していた酒造蔵だったが、この状況において、久一郎は瓶詰設備への投資負担を考えて事業転換を図ったのか、それとも一大消費地東京の需要をダイレクトに取り入れるべく東京進出を図ったのか、業種が先か立地が先か。大きな事業転換の時期を迎えていた。

立地を先に選択すれば、東京には製造設備もなく場所も限られるので、冷静に判断するなら、久一郎が製造から流通に移行するのは自然の流れともいえる。

今となってはその真意は計りかねるが、いずれにせよ大正6（1917）年、弱冠23歳の青年実業家は単身東京に進出する。

●京橋区越前堀に拠点を構える

東京日本橋地区には多くの近江商人が進出していた。白木屋（のちの東急百貨店日本橋店、1999年に閉店）、高島屋、西川産業、丁吟（現・チョーギン）、紅屋（現・ツカモトコーポレーション）など江州から江戸もしくは東京へ進出した繊維関係者は、多くが日本橋界隈に拠点を設けていた。

久一郎の進出した越前堀は現在の新川二丁目であり、河村瑞賢による掘削になる運河「新川」にほど近い。この新川の両河岸には灘の酒蔵や江戸の問屋の倉庫が軒を競っていたことは、江戸名所図会「新川・酒問屋《さかとひや》」（74頁参照）に見られる。

新帝都・東京における酒類流通の中心地に、いきなり旗を揚げたといえる。なお、余談であるが、現在の布屋本店の本社は、この図会の左端あたりに位置する。

東京大空襲の瓦礫処理で新川が埋め立てられ、この江戸時代に運河として描かれている箇所が、現在は陸地となっている。2018年に建替のために旧本社を取り壊した際に、埋め立て前の運河・新川の遺構の石垣が現れた。新本社においては、この石垣は貴重な歴

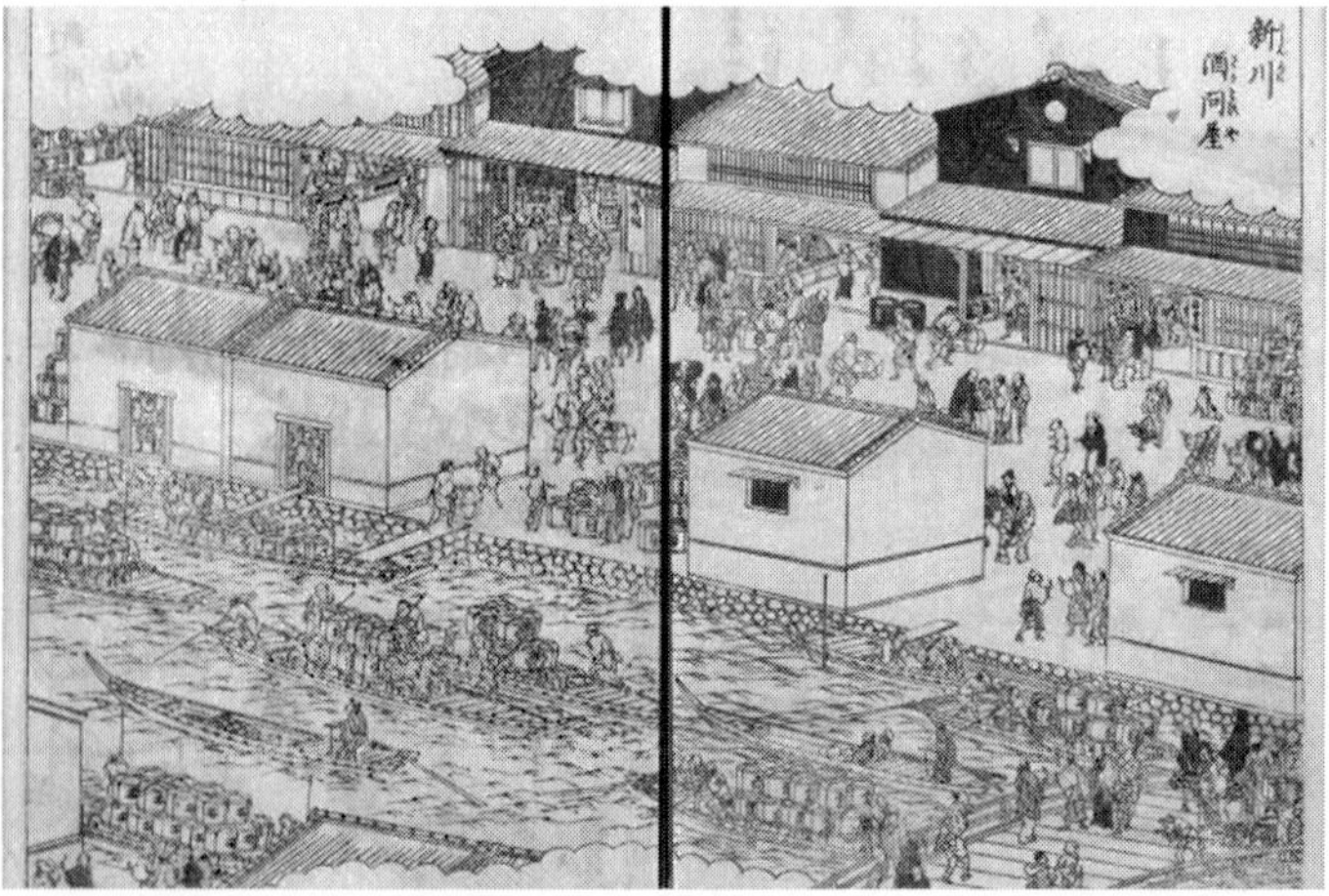

江戸名所図会「新川・酒問屋」（国立国会図書館ウェブサイトから転載）

江戸名所図会は、江戸時代天保年間（1830〜1844）に神田の町名主、斎藤長秋（幸雄）・莞斎（幸孝）・月岑（幸成）の三代にわたって書き継がれ、名所ごとに長谷川雪旦の鳥瞰図を用いた挿図がある。上記「新川・酒問屋」は、巻之二に挿入されている。

江戸の町づくりを進めた家康は、江戸湾から町中への物資輸送のために江戸城付近の低湿地を利用して水路を築き、海岸を埋め立てた。その後、明暦の大火の際に材木の買い占めで莫大な財を得た河村瑞賢が1660年に大川に通じる掘割を開削したのが新川で、周囲には酒問屋の蔵が立ち並び、上方からの下り酒を積んだ伝馬船のような小型の船が新川沿いの酒問屋の蔵に入っていく。

にぎわった酒問屋界隈も、1948年には戦後焦土処理のため、新川は埋め立てられ、いまでは、オフィスビルやマンションがたつ合間にわずかに「新川の跡　記念碑」の石柱や酒卸関係者の守り神として信仰される新川大神宮がひっそりと名残が伝えている。

（『角川地名大辞典』、中央区ホームページ、ブログ「歴史散歩　江戸名所図会」参照）

久一郎・幹枝夫妻（晩年）

史的遺構として、そのままの位置に江戸時代の姿のまま保存する予定としている。

単身東京へ乗り込んだ5年後、大正11（1922）年に久一郎は橋本幹枝と結婚する。幹江の実家の橋本家は、上野久太郎家の近隣にあって、地元川道村の庄屋で江戸初期から現在に至るまで代々医家を営む橋本次郎兵衛家に連なる。

ところが、その結婚の翌年、東京進出から僅か6年後の大正12（1923）年には関東大震災が襲いかかった。被災当時新妻だった幹枝が後に回想するところでは、当時新川随一の酒問屋だった金星《かねぼし》鈴木商店が炊き出しを行なって、店の人や取引の人以外の街の人々にも供食した、だから金星は偉かった――。

2　戦前の事業展開――酒卸の傍ら、洋風ミルクホールの経営、コカ・コーラの販売

●独自商標清酒「太洋盛」の販売

東京酒類醤油新聞社編纂として、大正2（1913）年に「第壱版」が発行された『大日本酒醤油業名家大鑑』の第三版（大正14年発行）が現在の中央区立京橋図書館の郷土資料室に現存している。稀覯本とあって書庫で厳重に管理され、住所氏名の登録により閲覧はできるが、コピー機による複写も、持参のカメラやスマホによる撮影も禁止の扱いだったため、許可を得て手書きで内容を書き写した。

それによると、「第三篇　東京組合纂」に、東京酒問屋組合15社、東京醤油酒問屋組合9社などの会社名簿が続き、関東酒類醤油仲買小売業人名簿と題する章の16頁に次の記述がある。

京橋區越前堀一ノ一〇　布屋　上野久一郎

一方手許には、昭和3（1928）年に刊行された酒醤油時事新聞社発行『帝都酒類問屋・仲買業総覧』のコピーがある。これは、当社社長室の書架に長年にわたり保管されて

東京市京橋區越前堀新川橋通
銘酒大洋盛發賣元　布屋本店
上野久一郎
電話京橋二九五九番
和洋支那食料品問屋
京橋區銀町一丁目十一番地
電話京橋二八五九番

銘酒 太洋盛

東京新川に酒類支那食料品問屋を令弟と協力して營まるゝ布屋本店主上野久一郎氏は、當年三十六歳新進氣鋭の才幹と手腕を所有する最も前途多望の人である。

氏は滋賀縣下の酒造家に生れ二十五歳の時上京現在の地に斯業を創始し僅々十ケ年にして前記兩店を經營して隆盛を招來した人であつて、業務に對する研究と熱誠は稀に見る所で、氏を知る人々の推服措かざる所である。

銘酒『太洋盛』は氏の代表商標であつて、實質本位の優良酒として特に料理店方面に好評を以て迎へられてゐる。

氏は特に地方酒の實際普及とに對しては一家の創見手腕を有し、氏によつて帝都市場に紹介せられたる無銘酒は枚擧に遑なきものである。

而も氏は人格圓滿信用を第一義とする人であつて、顧客との關係は酒類並食料品部を通じて最も親密鞏固を祈るや切なるものである

昭和３年　帝都酒類問屋総覧記事

いた当時の書籍から直接、２００７年ごろにコピー機による複写を行なったものである。

大手の酒造元や卸商の大店に交ざって、上野久一郎の布屋本店も半ページを割いて登場している。既に著作権も切れていることから、ここに全文を引用する。（原文は旧漢字であるが便宜上、新字体を用いる）

東京市京橋区越前堀新川橋通
銘酒　大洋盛発売元　布屋本店　上野久一郎
電話京橋二九五九番
和洋支那食料品問屋　京橋区銀町一丁目十一番地
電話京橋二八五九番

東京新川に酒類支那食料品問屋を令弟と協力して営まる、《（ママ）》布屋本店主上野久一郎氏は、当年

三十六歳新進気鋭の才幹と手腕を所有する最も前途多望の人である。

氏は滋賀県下の酒造家に生れ二十五歳の時上京現在の地に斯業を創始し僅々十ケ年にして前記両店を経営して隆盛を招来した人であつて、業務に対する研究と熱意は稀に見る所で、氏を知る人々の推服措かざる所である。

銘酒『太洋盛』は氏の代表商標であつて、実質本位の優良酒として特に料理店方面に好評を以て迎へられてゐる。氏は特に地方酒の宣伝普及とに対しては一家の創見手腕を有し、氏によつて帝都市場に紹介せられたる無銘酒は枚挙に遑《いとま》なきものである。

而《しか》も氏は人格円満信用を第一義とする人であつて、顧客との関係は酒類部食料品部を通じて最も緊密。健闘を祈るや切なるものである。


このように、既に昭和3(1928)年の時点で、3歳下の弟・圭之輔と一緒に商店経営をしていたこと、酒類のほかに食料品の問屋を始めていたことがわかる。

店の前で店主と店員が一堂に会した集合写真には、その圭之輔とともに、久一郎の10歳下の末弟・秀蔵の姿も見える(ともに最後列)。注目すべきは、店員たちが着用している揃

昭和4年正月　越前堀本社前にて2種類の印半纏で勢ぞろい

いの印半纏に、「新川・布屋本店」という印字と、「布屋食品店」という印字の二通りが認められることである。このころ既に、酒類部門と食料品部門の二部門構成となっており、それぞれの部門に店員を分けて配属していたことが伺える。

久一郎が初めて東京に店舗を構えた京橋区越前堀地区は、関東大震災の復興事業として主に土地区画整理と街路事業の対象地域となった。

震災復興によって作られた大規模街路として一般に有名なのは昭和通りであるが、八重洲通り、鍛冶橋通りの二本の大通りも同時に計画され、当地区を縦断する形で開通した。

それに際して久一郎の店舗が、皇居・馬場先門から永代橋に至る新しい大通りである鍛冶橋通りに面する角地になっている。登場人物と店頭の正月飾りから判断すると、この集合写真の撮影は昭和4年の1月と思われる。

次に、昭和酒類新聞社が昭和14（1939）年に発行した『帝都酒類醤油味噌鹽業界―回顧と人物』には、次のように個別に紹介されている。（原文は旧漢字であるが便宜上、新字体を用いる）

上野久一郎　氏

京橋区越前堀二ノ六

電話京橋九一六五

布屋本店　滋賀県出身、明治二十六年九月生。郷里で酒造業を経営せられしも、大正六年上京し末永商店で三月販売業を修得し、同年現地に開業、翌七年以来　大（ママ）洋盛を発売して今日に至つてゐる。大正十五年十月京橋区より代議員に当選、在任一期、昭和三年京橋八日会を創立し、推されて副会長に一期就任、退任以来引続き

昭和11年頃　太洋盛菰樽とともに

> 役員として活躍しつゝあるが、尚昭和八年四月京橋区塩組合委員に挙げられ、更に昭和九年三月京橋商業組合理事に就任同十一年三月監事となる、在任中再び理事に就任さる、板橋に支店一軒を有す。東京市方面委員、町会副会長、氏子総代、明正小学校後援会理事。

この記事にあるように、東京進出の翌年である大正7（1918）年から、久一郎は自店の独自銘柄として新潟清酒「太洋盛」を取り扱っていた。のちの集合写真には、四男の富敏（昭和9年生まれ）まで写っているところから、昭和10年代前半のものと思われるが、ここに「太洋盛」の銘入りの菰樽《こもだる》が店頭を飾っている。

滋賀県で造り酒屋であった久太郎家にどのような商標が伝わっていたかについては、現時点では判然としていない。現在、この商標を付した清酒を製造・販売しているのは、新潟県村上市に本社を置く大洋酒造株式会社である。同社のホームページによれば、昭和18（1943）年に地元村上税務署の指導により同地にて営業していた14の酒蔵が合併して昭和20年に下越銘醸株式会社、酒名「越の魂《たま》」として発足し、その5年後に社名を大洋酒造株式会社、酒名を「大洋盛」に改名したとある。（http://www.taiyo-sake.co.jp/co_about.asp、2019年9月閲覧）

久一郎は、昭和3年の業界年鑑では既に「太洋盛」を手印としていたと報じられているわけであり、その時点では大洋酒造は成立していなかったが、前身となった合併前の酒蔵にこの商標を持つ蔵があった可能性もある。

平成8（1997）年に東京で開催された清酒の展示会において、偶然大洋酒造株式会社の平田大六社長（当時）に遭遇する機会があったので、直接本件について尋ねた。平田社長の答は、「大洋盛の商標は東京方面から入手したと聞いています」とのことだったが、それ以上の詳細についてはわからなかった。

平成30（２０１８）年になって善章が次のように回想した。

「昭和50年代だったか、親父（久一郎）が死んでから10年ほどたったころだったか時期はあまり定かではないが、ある日、布屋本店に見知らぬ人物が、事前の連絡も紹介もなく突然やって来て、『太洋盛』の商標を譲ってほしいということを言いだした。会ったこともない人だったが、身なりからすると東京の人間には見えなかった。恐らく蔵のご本人ではないかと思った。うちがこの銘柄を持っていることは事前に調べていたようだった。もうその時はこの銘柄は使っていなかったし、高く売りつけるつもりもなかったから、いいですよ、と（その場で）許可してしまったのかもしれない」

さて、発音は同じ「タイヨウザカリ」といっても、久一郎が使っていた銘柄は「太」の字であり、現在の大洋酒造が販売しているのは「大」の字を用いているから、厳密には完全に同一の銘柄とは言い切れない面もある。商標の字体（ロゴ）も微妙に相違している。

●ミルクホールの営業

昭和7年生れの三男・善章が回想する。

「子供のころ、姉たちに連れられて板橋のミルクホールに遊びに行った。巣鴨までは市電で行き、そこから先はバスに乗った。

ミルクホールは父・久一郎が開設し経営していたもので、日常の運営は人を使っていた。洋風の衣装を身に着けた女給たちがいて、ミルクやコーヒーなど西洋風のものを出していた」というから、相当なハイカラぶりである。

現在の地名では板橋区坂下になるが、新河岸川と中山道の間に広がる広大な土地は、第二次大戦前に久一郎が取得し、ミルクホールはその一角に開業したものだった。

さきに紹介した『帝都酒類醤油味噌鹽業界　回顧と人物』(鶴本重美・編輯兼発行、昭和酒類新聞社)の記事に板橋に支店一軒を有すとの記載があることから、ミルクホールがその「支店」にあたるのか、それとも販売業としての営業所を設置していた可能性もある。なお、その土地の大半は、戦後の土地改革の際に、久一郎が戦禍のため郷里・滋賀県に滞在していたことで、不在地主の扱いを受け没収されている。

●コカ・コーラの販売

もうひとつ、特筆すべき新事業があった。

コカ・コーラの日本市場への導入である。

コカ・コーラは日本という極東の新規市場において、地域フランチャイズ制を敷き、各地で一番の名士をボトラーとして任命し、安定した商品供給、原料の機密保持、地域市場への配架率向上などに大いに貢献したことはよく知られている。

そのボトラー制以前に、日本にこれを輸入して販売していた事業者が数社あり、そのうちの一社に明治屋があったことは、我国にコカ・コーラを本格的に展開した高梨家の持株会社である丸仁ホールディングス顧問の高梨一郎氏からご教示頂いた（2019年11月30日、事業承継学会全国大会会場のハリウッド大学院大学にて面談）。しかしその高梨氏も、後掲資料にその名がみえる布屋もしくはスノーマンドリンクスコムパニーが扱っていたことは初耳とのことであった。

コカ・コーラに関する民間研究家の中里泰雄氏によれば、昭和のはじめごろ、「布屋商廛」と称する事業者が、コカ・コーラの販売をしていたことを示す資料が残っている。

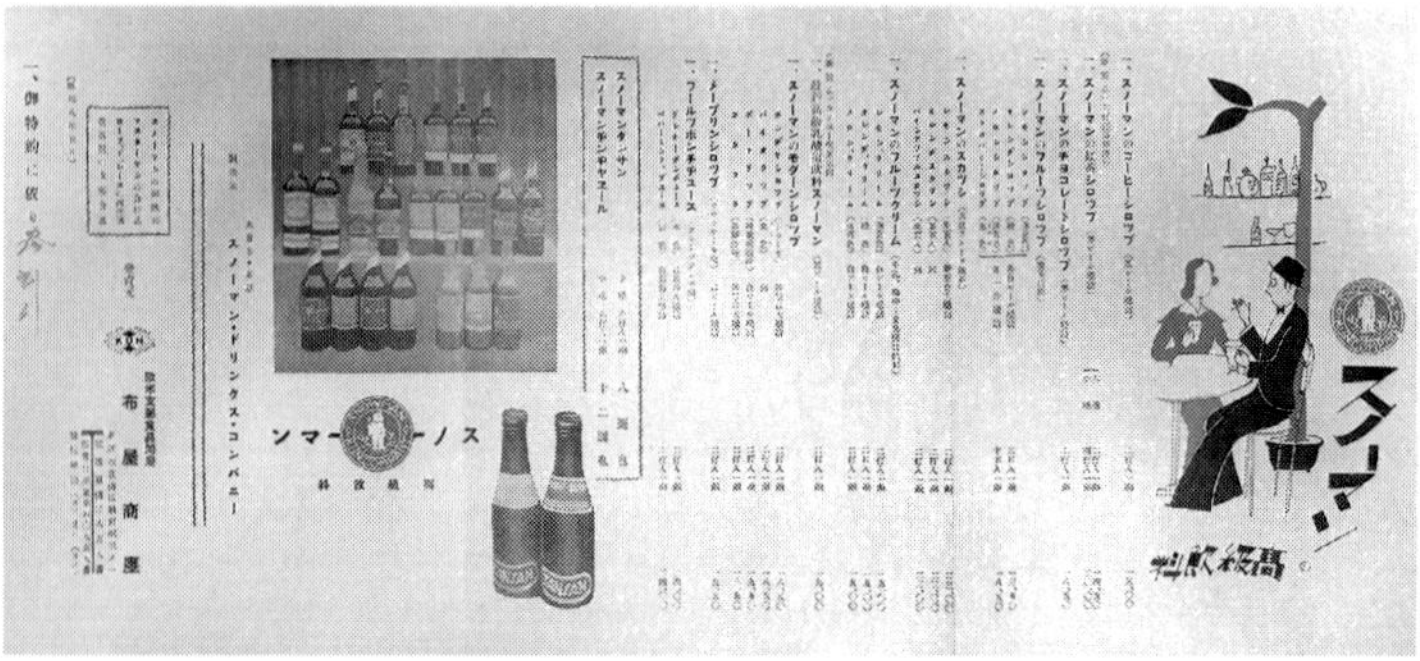

スノーマンドリンクスコムパニー商品案内（中里泰雄氏蔵）

写真がそれであり、同氏のご厚意により転載する。輸入食品（当時は舶来品が憧れの的だった）を扱う卸商の営業案内（兼）商品カタログのようなパンフレットであって、「昭和8年5月」の記載が見える。

会社名は**「布屋商廛」**とある。廛という字は、当用漢字から外れたために現在ではめったにお目にかかることはないが、戦前にはよく用いられた字で、現在では同じ発音で同じ意味の「店」の字が広く用いられている。

住所は、東京市京橋区越前堀三ノ一となっており、電話番号は二八五九と明記されているので、前掲の『帝都酒類問屋・仲買業総覧』と符合する。（註、京橋区銀町一・二丁目は昭和6（1931）年の町名変更により越前堀三丁目に改称されている。）

家督制の旧民法のもとで、上野圭之輔が分家として独立したのは戸籍謄本によれば昭和13（1938）年のことだったが、それ以前から、酒類卸業を「布屋本店」、食料品卸業を「布屋商廛」として商号を分けていたことが、この商品パンフレットからは推察される。

コカ・コーラ（当該パンフレットにおける商品名表記は「コカコラ」となっている）をいち早く日本市場で販売したのみならず、いろいろなフレーバーの濃縮シロップ製品を扱っていた（当時のコカ・コーラは濃縮シロップの状態で販売されていた）。業務用濃縮シロップは、現在の日本では「モナン」と「ダヴィンチ」の主として2つの銘柄が輸入され販売されているが、その先駆者の一角にあったわけである。

いまでは、海外現地視察は簡単だし、そこで面白い業態があれば正規・非正規に日本へ導入することはたやすい。もっとも、それが成功するか否かは、新事業であるからリスクが伴うとはいえ、自ら見て食べて体験した店舗や業態を導入するのは、理解できる。

しかし、戦前期、昭和10（1935）年ごろの日本といえば、民間人が欧米に渡航するのはほぼ不可能に近かったから、上野久一郎も渡航した訳ではないはずである。ところが、ミルクホールを開業し、コカ・コーラや濃縮シロップの販売を始めるというのは、着想の情報源はどこにあったのだろうか。

日本に居ながらにして、このような見たこともないことを事業として始めてしまう先見性、独創性、実行力には感嘆せずにはおれない。

昭和12（1937）年に日中戦争がはじまり、同年にアルコール専売が法制化され、戦時統制に入って行くことになる。これにより、国内の酒造会社はどこも事業の停滞に直面していたようである。これが久一郎を酒類以外のカテゴリーに目を向けさせる要因になったのかもしれない。

3　二度の大災害――関東大震災と東京大空襲

大正6（1917）年に東京進出したのも束の間、6年後に関東大震災で一旦灰燼に帰すも、復興を遂げる。震災後に店を建て直し、事業はそれなりに順調に進展したであろうことは、店舗の所在する京橋区越前堀の町会長を拝命して、当時の東京都長官だった西尾壽造・陸軍大将から下付された表彰状（いまも本家の座敷に懸かる）からも伺える。

ところが、ふたたび昭和20（1945）年の東京大空襲で戦禍に遭う。

この空襲の時には、滋賀県に残してあった本家に家族を疎開させていた。のちに久一郎

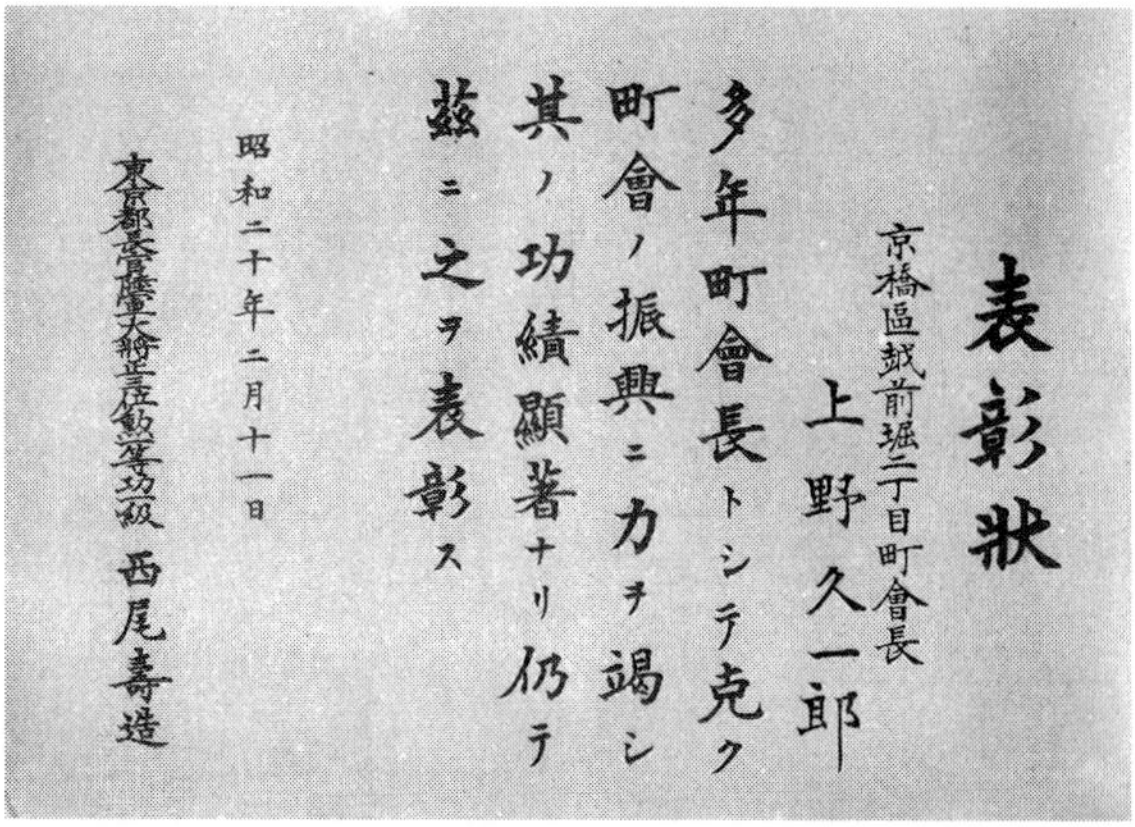
表彰狀

京橋區越前堀二丁目町會長

上野久一郎

多年町會長トシテ克ク町會ノ振興ニ力ヲ竭シ其ノ功績顯著ナリ仍テ茲ニ之ヲ表彰ス

昭和二十年二月十一日

東京都長官陸軍大將正三位勳一等功二級　西尾壽造

昭和20年　町会長として表彰状

を継いで酒販部門の当主となる善章は、昭和7年に東京で生まれ、地元京橋区の小学校に通っていたが、昭和19（1944）年8月に東京市明正《めいしょう》国民学校第6学年から滋賀県東浅井郡大郷国民学校に転入している。

善章の述懐によると、3月10日の大空襲で、越前堀二の六の家屋と店舗は全焼した。

当時、久一郎の妻・幹枝、長女・芳子、次女・裕子、三男・善章、四男・富敏は滋賀県の本家に滞在しており無事だったが、東京にいた久一郎と次男の雄靖は、戦火を辛くも逃れて、すぐに滋賀県に移ってきた。

終戦から一、二年、久一郎は東京と滋賀を往復していた。その後、東京に再進出していったが、善章はそのまま滋賀県に残り、旧制中学・旧制高校と滋賀県虎姫にて就学していた傍ら、家の持つ田畑の耕作・収穫を一人で行なっていた。

当時の収穫を報告のために父・久一郎に宛てて何通もの手紙を送っていた。

第5章

産業エコシステム論からの評価

1　近江商人エコシステム

戦前も戦後も、日本には物資が不足していた。中間流通業者たる久一郎にとっては、売るための商品の確保が喫緊の課題だった。現在のように「供給過剰・需要不足」の状況とは正反対だったから、「商品を安定的に供給してくれる仕入先」を探すことから始める必要があった。そこで、最初のうちは縁故を頼っての商売となったと思われる。

図に示すように、仕入先には近江商人が多かった。

当時の新川地区には、近江を源流とする酒問屋が何軒もあった。特徴は会社名に「星」がついていたことで、これは「てんびんの詩《うた》」※1で有名になった近江商家の行動様式を表すものである。すなわち、朝は夜の明ける前に星を見ながら行商に出発し、夜に星が出る頃まで家に帰ることはないというものだ。

新川は酒問屋のために造られた町であり酒蔵が文字通り軒を連ねていたが、それらの社名が大星《おおぼし》、金星《かねぼし》、山星《やまぼし》、久星《きゅうぼし》などとなっていたのは、彼らがすべて近江商人だったことを示している。

久一郎もこうした近江商人から酒を仕入れていた。なお、これらについては曽根（2019）においても論じられているように、近江出身者で一種の生態系（エコシステム）

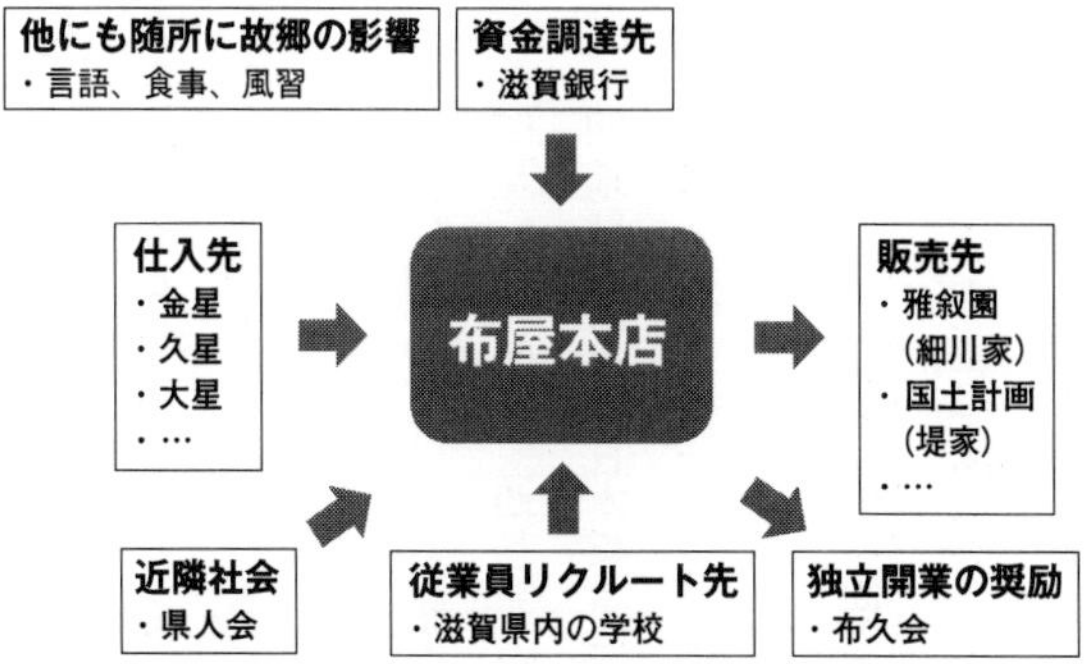

江州ネットワーク（著者作成）

が形成されていたといえる。

東京の日本橋エリアには、繊維関係を中心に多くの近江商人が東京支店を出し、中には東京の店を本店としたところも数多い。仕入先、販売先をはじめとして、あらゆる経営資源（人、モノ、カネ）の調達先の大半が近江関連にて構成されていた。

高度成長期には、中卒・高卒の青年たちは金の卵と呼ばれて重宝された。ここでも、近江商人は滋賀県の知己のネットワークで人材のリクルートを行なっていた。

※1　てんびんの詩　近江商人の家に生まれた主人公の少年が、小学校を卒業するところからはじまり、卒業祝いの言葉とともに鍋ふたの入った包みを送られて鍋ふたが売れたら八幡商業学校に行かせてやる、と命じられそれを売るために努力の中から一人前の商人へ成長していく過程が描かれている。多くの企業の社員研修でこのビデオが鑑賞された。

本社を東京に移した多くの企業でも、新入社員には滋賀県出身者が多かったし、そのような採用を行なっていたから、社内は上司も部下も滋賀県出身で、話し言葉は江州《ごうしゅう》（滋賀県の旧名）訛りがあったどころか、江州弁そのものが使われていた。

人手不足の時代に、縁もゆかりもない学校を訪ねて卒業生を紹介してくださいと言っても、丁重に断られる。毎年毎年通い詰めて、やっとのことで一人紹介してくれる。そういうところから実績を重ねていく必要がある。ところが、滋賀県の現地の有力者を通じたネットワークをもっていると、このプロセスが短縮される。

商取引においては、事業開始時点では取引相手の信用状況には不確定要素が多いため、最初は互いに知己を通じての紹介が重視される。近江商人の場合には、同業種（酒卸）ならびに同地域（新川、日本橋）にかたまって進出していることが、新規に東京進出を果した青年実業家・久一郎にとっては何より心強い状況だったと推察される。

東京進出当時は、販売先にも近江商人が多かった。日本最古の結婚式専門式場として昭和6（1931）年に開業した目黒雅叙園の創業者・細川力蔵は石川県の出身と伝えられているが、久一郎の妻・幹枝の実家である滋賀県大郷村の橋本家から細川力蔵へ嫁いでいる

堤康次郎氏と久一郎（後列右から２人目）

縁故によって、布屋本店と雅叙園との取引が始まった。この当時日本最大の結婚式場へ一手納入していた。ちなみに、昭和35（１９６０）年に挙行された善章の結婚式はここで行われている。

また、西武グループの創始者で衆議院議長まで務めた大物政治家・堤康次郎も滋賀県秦荘町（現愛荘町）の出身だ。堤が戦後に臣籍降下した旧宮家の広大な敷地を取得して、次々とプリンスホテルを開業していったが、ここでも久一郎が当初は一手販売の任にあった。

堤は、プリンスホテルの第一号である芝・増上寺の東京プリンス開業（１９６４年）以前から、軽井沢・箱根などでリゾート開発を行なっていたが、その一環で箱根地区には湯の花ホテル、ホテル大箱根などの温泉旅館が国土計画の経営で開業しており、ここにも布屋本店が酒類の納品に遠征していた。

往時の状況について古参社員によると、空のトラックで小田原まで行き、国分の小田原支店で商品を積み込んで、箱根の山を登って配達した。トラック一台分の納品作業は大変だったが、作業が終わると旅館のなじみの従業員から入浴を奨められ、お客用の温泉大浴場で一風呂浴びさせてもらえるのが無上の喜びだったという。いまでは考えられない光景である。

2 近隣諸国出身者のエコシステム

近江エコシステムを基盤として、次に久一郎が着目したのは、戦後ヤミ市からの復興を遂げつつあった盛り場で頭角を現していた近隣諸国出身の若手実業家たちであった。

渋谷の金氏(韓国)、池袋の劉氏(台湾)、新宿と錦糸町の陳氏(台湾)、新橋と田町の黄氏(台湾)、上野の高氏(韓国)、四谷の顏氏(台湾)などであった。いずれも、ターミナル駅の

昭和35（1960）年ごろ　トラックが並ぶ店舗前の光景

駅前の一等地に広大な土地を持ち、パチンコホールなどの事業を営んでいた。

久一郎は、彼らに対して、外食事業を提案することで、彼らの新規事業進出を支援し、同時に販路の拡張と安定化を図ったのである。そこでは、単に業態提案をして商品を販売するだけではなかった。

彼らはみな異業種から新規に参入した事業者だった。いわば門外漢であったが、みな若く、野心に燃え、勢いのある事業家だったから、久一郎が適切な助言と必要な経営資源（人材、商材、開業資金、ノウハウ）を提供すると、折からの旺盛な需要を受けて、次々に事業を展開し拡大していった。

戦後まもないころから、久一郎はこうした若手実業家を一人また一人と顧客に加えていき、強固な顧客基盤を構築していった。のちに後継者の善章が組織化した**「布屋本店共栄会」**と称する顧客組織は、このような土壌のうえにできたのである。

第2章で詳述したように、こうした事業家集団に対して、商圏(エリア)と商材(取扱銘柄)を厳然と区分して一定の権益を保証しつつ、鮮魚などの酒類以外の食材にも及ぶ共同仕入の斡旋、成功ノウハウの共有、退職者の融通など、さまざまな実利的なメリットを享受できるような暗黙のネットワークを形成していたといえる。

このネットワークの副産物としては、若い事業家たちが無意識のうちに互いに競争意識を秘め、それも一つのドライバーとして、それぞれが事業を拡大していったことがあった。生態系が自己増殖していったといえる。

3　旧幹部社員のOB会「布久会」

布屋本店には退職した元幹部社員のOB会組織があった。名称は**「布久会」**と称して、月に一回の会合を開催していた。

もともと、久一郎は、やる気のある社員には独立を奨励していたようで、戦前から布屋から独立開業する者が出ていた。

現時点で確認できるのは、深川・平野町の株式会社野村屋という業務用酒類販売店がその一つである。同社のHPによれば創業は昭和11（1936）年である。創業者の宮川悦治は、久一郎とはほぼ同郷の出身で、上京後に久一郎の店で働き、その後に独立開業した。現在では、その二代目と三代目が継承している。

また、両国の石原町にあった中華食材問屋大手の株式会社サワムラの創業者・澤邑弥三郎も久一郎のもとで働いていた人物で、のちに「布屋商僿」で中華食材を扱っていた。その後サワムラは新木場へ移転したのち、株式会社旬華と社名変更して今日に至っている。

酒屋業界でも、暖簾分けをして、独立開業する元店員には、屋号の使用を許す系列もあった。「小西」グループはこの典型的な例で、東京から関東近県に多くの「○○小西」という屋号（○○には、店舗の地名や主人の姓などが入ることが多い）の酒販店がいまでも見られる。

久一郎が実弟の圭之輔に「布屋商僿」の商号を許した以外には、「布屋」の屋号を用いた商店は出なかったが、ほかにも数軒の独立開業した店舗があり、多くの店員を雇用して手広く営業展開していた者もあった。

暖簾分けの場合には、同業同地は避け、同業であれば商圏が重ならない地域へ転出することが一般的である。しかし、久一郎はOBが同じ東京都心部で同業を営むことを禁じなかった。これは、市場が拡大期であり、いくらでも新規顧客を獲得できたという事業環境によるものと思われるが、憶測の域を出ない。

布久会は、戦後の復興を遂げて一段落したころから発足したものと思われる。昭和30年代には月に一回、日曜日に布屋本店の本社に集まり、無尽講を行なったのちに会食に移り、懇親を深めていた。これは久一郎から次の世代へ事業継承がなされた昭和40年以降も同じ形態で続き、昭和50年代前半まで開催されていた。

このような、旧社員を大切にする経営姿勢は、他の近江商人の会社でも見られることである。京都の繊維卸商社のツカキグループでは、歴代の社長が主催して月一回のOB会を現在も本社で開催しているほか、退職した幹部社員諸氏の肖像写真が数多く本社応接室に掲示されている光景は壮観である。（出所／東京都中小企業診断士協会中央支部における同社・

塚本喜左衛門社長の講演、２０１９年５月24日）

4　業務用酒類販売業者の業界団体「東酒廿日会《とうしゅはつかかい》」の設立

久一郎が業務用酒類販売に携わる主要な同業者を組織化して設立した団体が「東酒廿日会《とうしゅはつかかい》」であった。これは、業務用酒類販売業者の業界団体としては、日本で二番目に結成されたもので、平成18（２００６）年には創立50周年記念大会が浅草・草津亭で盛大に開かれている。

「東酒廿日会」が設立されたのは昭和31（１９５６）年だった。

発起人として中心になったのは、久一郎のほかに新宿の一色芳太郎氏で、国分商店営業部長富永氏の支援も得て設立し、一色氏が初代の会長、久一郎が初代の幹事に就任した。

当時の業務用酒販業者の有力な20店を選抜して設立した。後年になると、この業界では各種の同業者団体が雨後の筍のように乱立したが、「東酒廿日会」はそれらとは一線を画していた。それは商売のことを話題にせず、商売上の利益誘導をしないということを設立の本義にしていたことであった。

業界団体として、これは異質であって、本来であれば同業者がともに勉強したり徒党を

平成18年　東酒廿日会50周年記念（於：草津亭）

組んだりして、官公庁や仕入先の卸店やメーカー筋に物を申し入れる、すなわち一種の圧力団体として活動することが目的になるのが一般的である。

そのような活動の際に、先頭に立って発言するなど目立ちたがりの経営者はどの世界にも生息しているから、自分がトップになれないと見るや今度は別団体を旗揚げして自ら旗頭に納まってしまうなど、昭和の高度成長が終息してからはこうした業界団体の有為転変が相次いだ。

どこの団体に属するかと思案しているうちに、世話になった同業者に声を掛けられて断れなくなって参加したところ、その団体に反駁する別の団体の構成員から営業妨害を受けるなど、およそ知的な紳士とはいいかねる動きも随所で発生していた。

問屋やメーカー筋などは、そういった即席の業界団体が設立されるたびに、来賓として呼びつけられては特別会員になれとか賛助会費を払えとか、いったい自社の利益になるかどうか実に疑わしい一種のサークル活動に財布役として招致がかかるものだから、断るのが大変だったという声があちこちで上がっていた。

廿日会は、こうした軽挙妄動にはくみせず、孤高を貫いていたといえる。徒党を組むことが目的ではないから、数を追う必要もない。設立当初から会員数は定員20店、20名と厳然と決めていた。設立当時は、有力な業務用業者はすべて網羅していた。東京都心部で営業している有力業者はすべて入っており、漏れていた店はなかった。よって、現在有力業者だといって自称している店で、「東酒廿日会」に入っていない店は、当時都心部に商圏を持たなかったか、その後に伸びてきた新興勢力ということになる。

のちに、自分も入会させてほしいという自薦は常にあったが、欠員が生じない限り新規に入会を認めることはなく、いまもって20店、20名を上限としている。店主が代替わりになっても、店名登録は存続し、後継者が名簿に登録されている。

「東酒廿日会」の事業内容といえば、第一回の会合（日本橋の料亭・濱田屋で開催）以来、毎月20日に開催される月例会で会員が集まって呑むだけであったし、現在でもそれは変わっていない。発起の際の趣意書にも、業界の政策に資するとか大所高所を気取ったような文言は一切なかったし、メーカーや問屋筋には一切世話にならないという不文律が一貫してあって、60年間それは徹底している。

会費は年間15万円であり、これで会の一切を運営している。会合では、酒業界の話や免許や景気の話などはしないことになっている。これは業界団体としては極めて異例異色といってよい。建前としてそうなっていても、本音が漏れてしまうのが世の常と言えるが、「東酒廿日会」では実際にもそのようなことを発言する会員はいない。これは、東京の老舗商人の一種のやせ我慢という見方もできるだろう。

東京人はやせ我慢をするのも趣味のうちという傾向があって、自分が大店《おおだな》の主人であるという自負があるほど、表で商売の話をするのを嫌がる傾向にある。これは、酒販業界に限らず、東京の商売人にはある程度共通した性癖と思われる。かくて、都心部の有力業者だけで構成されていると自負していた「東酒廿日会」では、毎月一回、顔見知りの前で一切の本音を出さずに、精一杯誰よりも気張ってみせる我慢比べを楽しんでいた節がある。

酒類流通業界には各種の旧弊があるが、「特約店制度」などはその白眉ともいうべきものであろう。

酒類卸業者は多数存在していても、蔵元から「特約店」として認定されなければ、直接の取引はできない。ここでいう直接取引とは、代金決済のことである。物流面で蔵元から直接荷物が届くからといっても、それは「直《じか》取引」とはいわず、単なる「直送扱い」でしかない。債権債務を決済する立場にいる当事者のことを本来の「取引先」というのである。

卸店が蔵元との間で取引口座を持つだけでなく、「特約店」として処遇されることは、酒類流通の業界にあっては格別のステータスを有する。日本中に数ある蔵元の中で、当該蔵元の格式が高ければ、その蔵の特約店という地位もステータスが上がることになる。

一般的には、特約店は蔵元から生産者価格という最低出荷価格で仕入れることができるという経済的なメリットがあげられる。ただし、後年、中間流通業者や小売業者の中から店舗数や販売額が巨大化するものが出て来て、その市場における影響力のまえに、特約ではなくても販売力があれば特約店を下回る低価格で商品を調達することが事実上可能となった。そこでは、商流上はあくまでも特約店を経由することや、仕切価格は特約店向けではない通常の価格並みに据え置くものの、取引完了後において（翌月や半年後など一定期間経過後に）数量に応じた割戻金を交付することで、実質価格を変動させることが行われてきた。

こうした新しい商慣行（昭和後半の段階で既に一般的となっており、必ずしも「新しい」とは言えなくなっていた商慣行）により、「特約店」であることの経済的なメリットは従来に比べて大きく低下していたが、古いしきたりを珍重する業界にあっては、「有名蔵元の特約店」の地位は旧爵位の如き趣がある。それを重いと感じる人には非常に重く、重みを感じない人（現代の組織小売大企業の商品仕入担当者など）には何の意味もないということである。

5　「剣菱特約店」の地位の取得

大正年間に東京市場における後発者として新規参入した久一郎は、既に述べたとおり、灘・伏見の銘醸地産の清酒ではなく、当時東京市場では無名だった地方清酒のソーシングに注力して成果を挙げていた。それが、戦後再興を果すなかで、灘という日本最高の銘醸地の、しかも当時誰に聞いても名実ともに最高の清酒銘柄として君臨していた「剣菱」の

東海道五十三次隷書版　日本橋（三重県立美術館蔵）

特約店の地位を手に入れた。

剣菱といえば、江戸時代の浮世絵や歌舞伎の舞台にもたびたび登場している。また安藤広重の代表作である東海道五十三次（隷書版）においては、冒頭の「日本橋」に、日本橋際にあった魚河岸に行き交う行商人の姿が描かれ鰹を運ぶ人とともに、剣菱の商標が大きく描かれた酒樽を担ぐ人々などで賑わう情景が残っている。

東京における剣菱の特約店は、明治屋、中埜酢店と布屋本店の三軒だけだったのである。そこには、江戸時代からの酒問屋の街・新川に並み居る老舗問屋も、もと醤油問屋として発祥し、酒の扱い高を急増させた国分をはじめとする大手問屋も、国策会

社屋に掲げられた「黒松剣菱」の金看板と「剣菱販売所」の琺瑯看板

社として発足した大企業である日本酒類販売も、含まれていなかった。

特約店であるから、商流として支払決済は剣菱酒造発行の荷為替手形の引受によって行い、物流としては蔵元から10トンの超大型3軸トラックによる直送が行われていた。入荷日には早朝から店員総出で威勢よく荷卸しをしていた。

特約店には蔵元から巨大な金看板が支給され、それを社屋の目立つ外壁に掲出することが酒販業界では広く行われていた。布屋本店の本社屋にも、剣菱の金看板が誇らしげに掲出されていた（写真）。また、剣菱所縁の故事を描いた図絵が蔵元から寄贈された。その図絵はシリーズものになってお

特撰「黒松剣菱」ラベル比較
左：一般品、右：布屋本店手印

り、江戸時代の儒学者・頼山陽、水戸学の泰斗・藤田東湖、歴史の舞台となった池田屋に集う幕末の志士らが、みな剣菱を愛飲している絵が、それぞれ額縁に入って社長室に掲示されていた。

布屋本店で扱う特級の剣菱は、特に「黒松剣菱」と称して、特別の絵柄が用いられる。通常ルートに出回る特級酒は、ラベルには剣菱伝統の「陰陽」の商標が大きく描かれたものである。これは明治屋、中埜酢店といった大きな特約店を経由して有名百貨店などに供給される正規商材である。

一方、布屋本店向けの商材は、当然こちらも正規ルートなのであるが、あの「陰陽」マークではなく、枝ぶりも古風な松の樹上に一羽の立派な鷹がとまっている絵が大きく描かれている。その配色が黒と黄色で見事なコントラストを構成しており、一度見たら忘れないラベルとなっている。これは布屋本店の手印として特別限定のものである。大手酒造会社の中では商品アイテム数が極端に少ない剣菱酒造にあって、このような特別商品の設定を受けているのは、全国の特約店の中でも三軒だけ、関東方面では布屋本店だけであり、極めて稀少な商品となっている。

23歳で新事業と新市場の双方に進出した進取の気性を抱いていた稀代の起業家としては、銘醸地の有名銘柄の特約店という「旧パラダイム」の枠組での最高のステータスを獲得したわけであるが、そこにおいても「他との差別化」を追及していたといえる。

第6章　事業継承と新たな経営理念の確立

1　中興の祖からの事業継承プロセス

第5章までに詳しく見たように、大正6（1917）年に弱冠23歳で単身東京に出てきた久一郎は、関東大震災と東京大空襲という二度の大惨事によって立て続けに社屋を焼失したが、それらを克服して業務用酒類販売業という新産業を打ち立てた。

数々の革新的な経営手法で、自社のみならず販売先の外食業にも経営革新を植え付け、顧客の成長による自社の成長という理想的な成長軌道を描いていた。

●善章の入社と丁稚奉公

三男（長男が夭逝したため、実質的には次男）だった上野善章は、昭和30（1955）年に慶応大学法学部を卒業してすぐに布屋本店に入社した。

以降は、本章の執筆のために上野善章本人に対して平成29（2017）年1月から令和元（2019）年5月にかけて数回に分けて実施した連続インタビューにおける回答を基に構成したものである。

善章は、大学を卒業後すぐに肩書のない一般社員として、配達・営業事務（当時社内では

「帳面」と呼んでいた）・在庫管理などの現場実務全般（本人が懐古して語る言葉によれば「下働き」）に従事していた。

昭和30（１９５５）年3月に入社して、5月か6月頃には、大阪・淀屋橋の同業者の幸田商店に正規社員として入社した。つまり丁稚奉公である。住居は、番頭だった長谷川専務の自宅に泊めてもらった。

同店は、キタの中心部に店を構える大店で、当時で総勢30人くらいを雇用する業容だった。北新地の飲食店街をオート三輪で配達したり、先輩社員と一緒に片端から飛び込みセールスをやったりした。時には、リヤカーに清酒などを見計らいで積んで、

「売れるまで帰って来るな」

と言われて、一人で夜遅くまで歓楽街を売って歩いた。固定客ではなく、新規の店を飛び込みで開拓する仕事だった。当時は既に屋台などではなく、ちゃんとした店舗を構えた料理屋などが立ち並んでいた。

翌昭和31年の正月は、東京へ帰らずに大阪で迎える。当時の幸田商店は、真冬の３ヶ月は休業していたため、その間は久一郎の本家のある滋賀県・川道に滞在した。春・夏と幸田商店で働き、秋口には布屋本店へ復帰した。

東京に戻ると、布屋本店では番頭が交替していた。久一郎が滋賀県の人脈から腕の立つ人を引っ張ってきたということだった。この頃には、小僧さんが10～15名いて、住み込みで働いていた。

●久一郎の急逝、そして事業を継承

昭和40（1965）年9月3日のことである。

自分と、のちに番頭になる西村由蔵とで健康診断に行った。朝にいったん出社し、早朝の仕事を済ませてすぐに大学病院へ二人で向かい、いまでいう半日ドックのような定期健診を受けた。昼前後に帰社してみると、社内が大騒ぎになっていた。

朝にはすこぶる元気だった久一郎が店で倒れて、すぐに近所の小田中医院に運び込んだが、そのまま亡くなってしまっていた。二人が健診から帰社したときには既に息を引き取っていた。心臓の病気だと言われたのだが、あまりに突然のことで何が何だかわからなかったというのが正直なところだった。

ほどなくして、のちに昭和47～48年に第63代滋賀県議会議長の要職に就いた細江賢三氏がやってきた。久一郎とは出生地も近く、古くから付き合いのあった人だった。葬儀委員長には、秋山市太郎氏にお願いした。

秋山氏は、錦糸町の鮮魚店「魚寅」のオーナーとして、久一郎の提案で新業態の居酒屋「東亜の酒蔵」を錦糸町で開き、その時には合計五、六店舗になり、さらに「魚がし」を日本橋に開いて、午前中から連日の大盛況で、飲食店としては日本一の坪効率（店舗面積あたりの売上高）といわれた。この店は、当時布屋本店の最大の得意先だった。

長兄の雄靖は、前述のように北海道大学農学部を卒業し、国税庁醸造試験所で研究を行っていた時期もあったが、既にこのときにはマンズワインに入社していた（のちに醸造部門の責任者となり、専務取締役・工場長を務める）。

二人で話し合って、善章が社長となることになった。久一郎は心の中では善章を布屋本店の後継者とすることに決めていたらしく、周囲にもそのように漏らしていたというが、当時の番頭はじめ社員たちには伝えていなかった。

なお、これは後世の詮索の域を出ないが、久一郎が善章を後継者に内心決めていたということをもって、長兄ではなく次兄を敢えて指名したというように捉えることは当を得ていないと思われる。というのは、久一郎の中では、自らの家業の本業はあくまでも造り酒屋であり、酒の販売は派生事業と考えていたとすれば、本業を醸造学を修めた長兄に継がせ、派生事業を次兄に継がせるという腹案は、商家としては極めて慣行的な選択であったといえるからである。

発泡酒の開発と製品化に成功し、その後、朝鮮特需による景気の急回復による代用品需要の低減もあってその販売は目論見通りとはいかなかったが、いつの日か酒造業を復活させたかったのではないかと推量するのも、まったくの見当違いではないだろう。

四男の富敏は、慶応大学経済学部を卒業し、このとき既にキッコーマン醤油に入社して10年近くたっていた。普段は布屋本店の仕事にかかわっていたわけではなかったが、大手企業経理部所属の専門知識を活かして会社の経理書類を縦覧したところ、当面の資金繰りには問題がないことを確認していた。

久一郎は生前、滋賀県に残してある本家は長兄の雄靖に継がせると言っていたらしく、実際に雄靖が相続した。このこともあって、雄靖は自分が久太郎家の後継者だと自認するに至る。ここにおいて、ファミリービジネスの「ファミリー」と「ビジネス」の継承者が別々に分岐したことになる。もっとも、さらに後年、21世紀になって雄靖が没したのち、滋賀県の本家の地所は未亡人から法人としての布屋本店に寄贈され、平成28（2016）年に「ファミリー」と「ビジネス」が再度統合された。

●善章、経営者として片腕選び

西村由蔵はのちに大番頭として日常業務を全面的に切り盛りすることになるが、この時にはまだ35歳だった。33歳で突然社長に就任した善章は、同じく若い営業部長の西村由蔵とともに得意先に就任の挨拶回りをして歩いた。

当時の得意先経営者の反応について、善章には「この二人でうまくやれるのだろうか」という視線を感じた記憶が残っている。

のちに、主要仕入先の酒問屋「金星」で布屋本店を担当していた西田氏を善章が布屋本店に誘って営業を担当させた。それには、新番頭の西村由蔵の対抗馬として育成したい意図があったという。結局は西村が営業部長の地位を盤石なものとしていき、西田は従前の金星に復帰していくことになる。若手後継社長による片腕選びの機微については、善章は多くを語らなかった。

突然の事業継承から5年経過した昭和45（1970）年は、大阪万博の開催年だった。善章は妻と四人の子供を連れて夏休みに京都・大阪旅行に行っている。

このころには日本経済は高度成長の真っただ中にあり、インフレは続いていたが、それを上回る企業収益と個人所得の伸びがあり、世の中には活気があふれていた。

大阪市内には宿が取れず、京都・嵐山の高級旅館に親子六人で投宿した。

こうした状況から察するに、この頃には一連の事業継承も完了し、善章は経営者として自信をもって数日間店を空けて家族旅行に出ることができたということになる。

「数日間会社を空けて旅行に出ることに心配はなかったのか？」との問いに対して、「自分がいなくても店が回らなきゃしょうがないわな」と晩年答えている。


その頃には、経営にも善章の色が出ていた。


先代の久一郎は、新産業を創始した事業家として、のちにほかの産業分野でも次々に導入されることになる新しい経営技法を独自に考案し、実践してきたアイデアマンだったことは既に述べた。

それではその後継者となった善章の経営とはどんなものだったのだろうか。

以下は、本人からの聴取ではなく、後年になってからの推察である。

2　徹底したES（Employee Satisfaction）――従業員満足

当時の布屋本店においては、得意先の開拓は紹介が主流であり、後発の他社のようにガツガツした新規開拓営業ということは行なっていなかった。

それでも、得意先オーナー同士の紹介、得意先従業員の独立開業、得意先従業員（板前など）の横のつながりによる紹介などによって、順調に成長していた。

ただし、この年代になると、外食業が戦後の生業店として発足したころとは違って、産業として一定の地歩を確立してきていた。[※1] その経営者の中には多店舗展開を行う者も出ていたし、何よりも市場自体が大きく成長していたので、一つの産業分野として非常に活況を呈していた。

その匂いを嗅ぎつけて新規に業務用酒類販売に参入する者（主として店頭販売をしていた小売店だった）も多かった。

彼らは、既存の優良外食店は既存の老舗業者で抑えられていたし、当時はサプライヤー

※1　昭和45（1970）年すかいらーく1号店の開店を日本における「外食元年」としている。

を変えるというのは信用がないとみなされてタブーだったので、帳合変更（仕入先の変更）というのはよほどの不祥事でもない限り殆ど起らなかった。

そのような長期固定的な取引関係が所与だった状況において、新規参入者は積極的な新規開拓営業を行うにあたり、主として上野・神田・日本橋・銀座・新橋・赤坂といった奇しくも地下鉄銀座線がつないでいる古くからの都心の盛り場ではなく、郊外電車の乗換駅およびその外周部へ営業先を展開していった。

いまの感覚では、ＣＳ（Customer Satisfaction、顧客満足）経営などといって、顧客をいかに満足させるかという側面が強調されているが、善章はまず従業員の満足度の向上に心を砕いた。もっともこれには、得意先との直接の接点は番頭に任せていたという役割分担の面もあったのかもしれない。

当時のほかの多くの社員や、またさらに善章の後継者として平成６（１９９４）年に入社した善章の長男・善久の目撃していた状況からすると、その役割分担はかなり明確だったが、善章本人が後年回想するところによれば、社長である自分と番頭の西村との役割をどのように分担するかについては、二人の間で明確に話し合ったり合意したりしたことはなく、「なかなか難しかった」ということだった。

●困難な労働時間調整

業態の性格からして、労働時間は長かった。

夏は夜明けとともに、冬は夜明け前から始業し、赤坂・新宿・池袋なども含めて五〜七台あった車両一台当たり1日に二、三回の配達に行って戻って片づけをしていると、夜は7時を過ぎてしまう。

また、そのあとも追加注文への対応があり、配達に夜間でも出かけて行くことも日常的だったし、深夜には閉店後の得意先各店へ電話をかけて御用聞きをする当番制が敷かれていた。

さらに、五・十日《ごとうび》には、売掛金の集金のために、番頭を中心に幹部社員が都内各地の得意先の店舗や事務所、また先方から指定されて経営者の自宅にも集金のために毎回足を運んでいた。

集金への対応がその日の営業終了後という飲食店も多かったので、集金の日は多額の現金を抱えながら深夜遅くまで盛り場を歩いていた。

当時は役所でも土曜日の午前中は開庁していたし、民間では週休二日ということはまったくなかった。盛り場の飲食店を相手にする商売であるから、年末の大晦日は書き入れ時であり、休みは日曜のほかには祭日と正月三ガ日だけだった。

ということは、休みを多くしたり、労働時間を短くするという待遇改善は難しい構造にあったから、処遇はそれ以外で向上させるのが経営者の打てる手ということになっていた。

●高給優遇と大企業並みの福利厚生

労働時間は短くできなかったが、給与は高かった。

昭和年代に関する資料は残っていないが、バブル崩壊後の平成6（1994）年の時点で、年齢40歳の運転手で月給55万円、ほかに年二回の賞与は別途支給されていたから、年収でいうと800万円は超えていた。[※1] これは街の中小企業でブルーカラーとしては十分な高水準といえる。

給与水準が高いと会社負担分の社会保険料も高い。布屋本店では業界の製造業の大企業や大手一次問屋が加盟する最大規模の健保組合（東京酒醬油健康保険組合）に加入していたから、付加給付や諸行事などの面でも従業員の福利厚生は大企業並みとなっていた。

それ以外にも、いわゆる三階部分といって厚生年金基金にも加盟していたので、これに対応する企業負担分もあった。さらには、任意労災として大手生命保険会社の養老保険に全額会社負担で加入していた。

焦眉は毎年開催される社員旅行で、一泊のバス旅行で行ける範囲では最高の場所と旅館を選んで、多方面の目的地へ目先を変えて選んでいた。この社員旅行は、出費も多かったが、社員の満足度は極めて高かった。

行先は、熱海、伊良湖、袋田の滝、伊香保、寺泊、弥彦、岩室温泉、大仁、房総、蒲郡、諏訪、軽井沢、志賀高原、富士五湖などであった。観光バスを貸し切って、出発時点からメーカー各社の協賛品を飲み始めた。主要な仕入先の担当者も招待した。各地の旅館で地域一番の高級旅館ばかりを使い、食事も豪華なものが出たが、外部参加者からも会費は一切受け取らなかった。社員も取引先もみんな満足していた。これは久一郎の頃から毎年やっていた。

気前の良い大盤振る舞いという見方があるとしたら、それは表層的な現象面のみに着眼したものである。こうした処遇条件の充実は、中小零細のファミリービジネスにおいては珍しいことではない。

我国おける中小企業の労使関係は、資本家たる雇用主と無産階級たる労働者というマルクス経済学的な支配抑圧関係ではなく、従業員全員、さらにはその家族をも雇用

※1　1990年代の一般労働者の平均年収は2001年の505万円をピークにその後減少傾向（賃金構造基本統計調査より）

主の家族と見做す意識が広く共有されていた。従業員に対する厚遇は、こうした「無意識の意識」の表出と捉えるべきである。

善章のマネジメントにおいても、まさにこうした発想が根底にあり、給与水準などはあくまでもその一例に過ぎないというべきであろう。事実として、中卒、高卒の丁稚奉公からスタートした従業員は、適齢期になると家庭を持ち、ほどなくみな一軒家の持ち家を手にした。

●近江商人と同様、居住・食事をともに

処遇は現金報酬だけではなかった。丁稚さんたちは全寮制で、社屋に併設された社宅で寝食を共にしていた。社宅といっても、小奇麗な借り上げ賃貸住宅のような現代の感覚からは程遠い、大部屋に雑魚寝の環境だった。しかし、当時まだ日本の人口構成は若く、中卒や高卒の若者が地方から大量に上京して集団就職する時代には、とにかく寝場所の確保が人材確保の必須条件だったのである。

全寮制ということは食事も三食提供することになる。

善章の妻として昭和35(1965)年に入社した好は、学生時代に栄養士の資格を取り、日本電気の滋賀工場で社員食堂の栄養士をしていた。その経験を活かして、布屋本店でも

社員食堂の一切を切り盛りした。

単にお腹を満たすだけではなく、食べ盛りの若い従業員（多くは、肉体的にもまだ成長期でもあった）の栄養バランスを考えた献立構成、材料の仕入、調理、片づけなどを補助の従業員（これも地方から出てきた新卒の若い女子だった）や、時には家政婦紹介所から派遣されていた中年の女性従業員を遣って、二十数名分の食事を週6日三食ずつ作っていた。ちなみに、社長であった善章の家族は、全員、一年を通して社員食堂の料理を食べていた。

社員からは食費として僅かな額を給与から天引きしていたが、実際には材料費だけでその何倍もかかっていた。

社員のことを家族の一員として対外的に表明している経営者は少なくないが、実態として自己の家族と同等に遇しているのかというと、あくまでもメタファーの域を出ない例には事欠かないというのが現実ではある。その点、布屋本店の場合には、対外的に従業員は家族であるとの表明をすることは一切なかったが、経営者の心情と行動にはそれに近いものがあったのではないかと思われる。

昔の商家や町工場では広く行われてきた慣行として、盆暮には経営者から各従業員の親元へ季節の挨拶品を贈り、年賀状も交わしていた。さらに布屋本店では、社員が結婚する際には、挙式から披露宴まですべて取り仕切り、田舎から両家の一族を招き、主賓には滋賀県人会の重鎮を据えるなど、文字通り物心両面で家族扱いだった。

これらの諸施策は、単に家族意識といった精神的な側面だけではなく、企業経営の上で合理的なシステムとしても機能した。

つまり、待遇を業界水準に抑制しておくと、貨物車ドライバーなどの流動性の高い職種にあっては、常に離職・採用のサイクルにあることになる。これでは、業務の習熟度は一定以上には上昇せず、継続的取引相手である特定少数の顧客に対する満足度はどうしても低下せざるを得ない。また、募集や訓練に関する費用、時間コスト、機会費用なども馬鹿にならない。

こうして、業界水準よりも高めに設定した処遇水準は、収益計算の点からも合理的だったといえる。事実、運送会社からの転職組も多く、さらに社員が自分の兄弟や知人を呼び寄せることも珍しくなかった

3　もう1つのES（Entrepreneur Satisfaction）——事業家満足

善章の生活は、清貧ではないが、贅沢でもなかった。

車は１２００ccの大衆車（フォルクスワーゲン・ビートル）の１９６０年代の年式の車体を新車から20年以上乗り続けていた。経営者として余裕の出てきた昭和末期以降は、内外のスポーツカーをいくつか乗り継ぐことになるが、それまでは一台をかなり長く愛用した。

趣味といっても、テレビで野球やプロレスを観るほかは、休日にゴルフに行く程度で、豪遊というほどのことはしなかった。しかし、質実剛健な中でも30歳代からは内実のある精神的な満足度の高い生活をしていたと思われる。

子供は四人で、休日にはよく方々へ連れて行ったし、夏休み等には数泊の国内旅行にでかけた。別荘など固定費のかかる瀟洒な生活様式とは無縁だったが、食べ物、着る物、持ち物などは本物を愛好した。高額なブランド品ではなく、素材や作りが上質なものを選んでいた。

平成末期に我国で表出した中小企業の「後継者難」といわれる問題にしても、根底には「仕事がきつく、精神的にもつらいのに、儲からない」という状況がある。

ここで「状況」という単語を用いたのは、事実ではないかもしれないし、それは単なる思い込みかもしれない可能性があるからだ。仕事がきついとか、精神的につらいというのは漠然としていて、どの程度のことなのかを精査する必要がある。

どんな仕事でもきつい面はあるし、精神的にまったくストレスがかからないという仕事も皆無とはいわないまでも、珍しいだろう。サラリーパーソンは気楽だと世間でいわれるが、サラリーパーソンにはまた別の宮仕えのつらさもある。その「つらい」の種別が異なるのは事実である。勤め人が想像だけで中小企業の経営を「異次元のつらさ」として嫌悪する前に、自分で体験してみるのもいいだろうし、本当につらくて我慢できないとわかったならば、我慢できる範囲に収まるように業務のやり方を変えればいい。

そのように、何でも自分次第で変えていけるのだと悟ることができれば、事業継承にまつわる「ある段階」は、無事通過したことになる。

その意味では、善章は自分で満足する仕事と生活を自らの手で構築したといえる。

二つのESという場合、Employee Satisfaction と対《つい》にして、Employer Satisfaction という考えがある。従業員満足と雇用者側の満足というわけである。この考え方は、「雇う側」と「雇われる側」ということで対比が明確である反面、対立する労使関係を想起させる点で、従業員を家族同然に想い、処遇しているファミリービジネスにあっては、経営者の真意が伝わりにくい恨みがある。

そこで、Entrepreneur Satisfaction という用語が提唱される。事業者満足ということである。これであれば、雇用者vs被用者という二項対立ではなく、従業員のことを考えて行動する事業家という位置づけとして捉え直すことができよう。

4　二つのESを起点とするCS――顧客満足

善章は、一度獲得した得意先に対しては、徹底して満足度を上げる活動を行なった。

当時の価格決定は納入業者選定の主要ポイントではなかったし、後年の平成時代のように新潟清酒「久保田」や薩摩焼酎「森伊蔵」などといった特定の人気銘柄が入荷するかどうかもまったくポイントではなかった。

今の時代では驚くべきことであるが、高度成長期というのは成熟期とはまったく商談のクリティカルポイントが異なっていたことがよくわかる。

長期信頼関係をベースにしたBtoBの継続取引にあっては、オーナー同士の人間関係が重視されたから、盆暮れと年末年始の年四回は相当数の顧客を脚で歩いてオーナー同士が顔を突き合わせて挨拶していた。

そのうえ、年に一度の優良得意先招待旅行があった。

これは、善章が事業継承してから数年後に、当時の大手メーカーなどの招待旅行を参考にして始めた行事である。これなどは、先代のやり方を継承する段階から一歩踏み込んで、独自の視点によって新たな行動を開始したといえる。

名称を**「布屋本店共栄会」**と称して、いちおう形式的には年会費を徴収していたが、実際には豪華な旅行に招待することで、十二分に返戻していたことになる。

年に一度の旅行先は、前述の社員旅行と同様の国内で一泊旅行に好適な温泉地などが毎年手を変え品を変え選定されていた。各地で一番の高級旅館に投宿し、最高の料理と芸者衆のもてなしを伴ったから、参加者は一様に大満足で、参加率も高かった。上得意のみならず、購買金額がそれほどでもない得意先も数年ごとに順繰りに招待していた。

この「布屋本店共栄会」の役員には、会長に「日本橋魚がし」を経営する豊商事の中村日出雄社長、副会長に「焼肉・漢陽苑」「炉端焼・船弁慶」などを経営する三徳商事の金基深社長と、「東明大飯店」「ロサ会館」を営む東通グループの劉水通社長が就任していた。

得意先招待旅行　1969年

このような招待行事が効果を上げたと書くと、単なる接待ではないかとの誹りを招くがそうではない。単にカネを使って接待したのであれば、それ以上にカネを使って接待する同業者が現れれば、顧客はそちらへ流出してしまうだけのことである。

顧客の満足は、それを支える従業員と経営者自身の生活の充足と精神性の健全さが必須である。

得意先接待旅行の随行員は数名の幹部社員が務めたが、彼らは、社員旅行で高級旅館へ出入する経験があったから、お世話役が務まったのである。

自分自身が右も左もわからなければ、お客様のご接待どころではない。飲食業の経営者はみな海千山千、一騎当千の強者ぞろいだった。彼らに心底満足を与えるのは並大抵のことではないし、まして一泊旅行となれば接触時間も長く、付け焼刃ならどこかでぼろが出てしまうものである。お客である飲食業の経営者も、自ら従業員を多数使い、日々多数のお客に接している、いわば人を見ることにかけてはプロ中のプロばかりであったから、彼らを2日間にわたって接待するにも大変な心労があったと推察するが、ともかく非常に好評を得て、バブル崩壊後数年に至るまで連続数十年間も同様の形態で継続していた。

5　体面重視による信用確立

「みっともない」という言葉がある。体面を気にする江戸っ子らしい表現である。あるいは、「三方よし」を商いの信条とする近江商人の精神性なのかもしれない。

仕入れる時には、なるべく安く買い叩き、支払う時にはなるべく遅く払う。売る時にはなるべく高く売りつけるし、代金を受け取る時には即刻現金払いを求める。こういう「ぺんぺん草も生えない」ような商売は、「みっともない」のである。

その対極をいったのが、善章の経営だった。もっとも、高く買ったり安売りをしたのではない。

●こだわった「支払い」の基本形

「利は元にあり」であるから、なるべく安く仕入価格を抑えていたのは当然であるし、売掛債権の焦げ付きが判明した時などは大きな声を出して番頭を怒鳴っていたから、商売の基本は当然踏まえていたのはいうまでもない。

ただし、支払には非常なこだわりがあった。

支払期日は一日たりとも遅れることはなかった。約定日が休日に当たる時には、その前日に支払った。これは仕入れ代金だけでなく、銀行への約定返済、リース料やその他諸経費の月極の請求に対する支払全般、すべての支払についてこれを徹底していた。

あるとき、税理士が若手に交代した時のことである。年間の法人税申告と納税の期日は決算期の2か月後と決っているが、その時の月末が日曜日だったために、納付期限は月をまたいで翌月の一日になっていた。これは法令で定められた期日であるから、税理士は当然のように翌月一日の納税に間に合うように申告書を用意してきたのだが、これに善章は真っ赤になって激怒した。

これまで、月をまたいで納税してきたことなどあり得なかったし、税金以外にも民間同士の支払の際にも、月末が銀行休業日であると平気で翌月の月曜日に振り込んでくるような事業者が多い中で、必ず前営業日までの納付や支払を貫徹してきた自負があったのだろう。「月またぎ」の納付について随分と憤慨していた。

当時は手形も全盛で、問屋や直取引のメーカーなどへの支払には手形、それもこの業界では為替手形が広く用いられていた。この支払期日も敢えて約定日よりも前の銀行営業日を設定していたし、仕入先に手形を交付するのは月末よりも数日前の日に設定していたから、取引業者には支払いが他社と比べて早いと言って喜ばれていたようである。

要は、信用を築くのは永年にわたる地道で、地味な活動の積み重ねでしかできないということである。

大きな声を出したりしても、仮に一回限りそれが通ることがあったとしても、それは砂上の楼閣であって、本当の信用にはなんら意味がない。何十年にもわたる一貫した行動の継続でしか示せないのが商人の信用なのだということを、毎月の支払時に身を以て語っていたといえる。

なお念のために付記すれば、以上のことは本人の口からは一切発せられたことはなく、行動でしか示していなかった。

第7章　ファミリービジネスの事業継承とイノベーション

1　大企業によるイノベーションの停滞とファミリービジネスへの期待

いま大企業を中心にイノベーションを追う動きが急を告げている。１９９０年のバブル崩壊から既に30年を経過しているが、我が国の大企業は、本業の売り上げは長期低落傾向を脱出できないし、かといって利益率もじりじりと低下の一途をたどっている。

これは産業構造の問題に起因する面が大きい。一つの産業に多くの企業が残存しているだけでなく、そのほとんどが同質競争を繰り広げているからである。

実需が成長しない市場において、供給者の数が減らずに同じ財を供給し続けていて、さらにその参加プレーヤー各社において新規事業の芽が出ていなければ、当然既存事業の成長に頼るほかない。売り上げを伸ばしたくても市場全体は停滞どころかすでに人口減少に転じており総需要も減退が進行しているから、同質競争は畢竟価格競争を余儀なくされる。

そのような市場においては、需要側による相見積の強要が常態化している。価格交渉という名の値下げ要請に遭遇し、内心ではこの野郎と思いながらも、飯の種のないままでは膨張した巨万の富ならぬ巨万の従業員を養うことはかなわないから、不承不承安い価格を提示してでも仕事にありつくしか有効な手段がなくなっているというのが現在の大企業の一般的な姿となっている。※1

これは製品分野を問わずに現出している状況であり、また製造業も卸業も小売業もサービス業もおしなべて似たり寄ったりの窮地に追い込まれているのが実情である。だが、かといってイノベーションと呼べるような新規性の高い新製品や新たな販売方式、新たなサービスなどは、社内で企画を通す段階で反対する者たちの壁が立ちはだかる。ベルリンの壁が崩壊してから30年になろうというご時世に、いまだに新規の企画には超えられない頑強な壁が、それも社内にそびえたっているのである。

かくて大企業はきょうも、昨日と同じ仕事を淡々とこなすだけのエンドレステープと化して久しい。民生用のエンドレステープは既に市場から姿を消して久しいのに、大企業の中ではいまだにそこかしこで残存していたのである。

こうした状況にあって、いまこそファミリービジネスによるイノベーションが期待され

※１　こうした産業内の需給構造をミクロ経済学の枠組から企業戦略への含意を述べた先行研究のうち、三品（２００４）所載の「演繹的マクロ戦略論」は、同質的な価格競争であるベルトラン競争と、それを回避するクールノー競争という二つの対照的な競争パターンを経営戦略の視点から明確に比較して言及した稀有の例といえる。

る素地がある。次世代に通じるイノベーションの担い手としてファミリービジネスに期待がかかる背景には、次の三つのポイントがある。

一つは、意思決定のスピード である。多くは雇われ社長に率いられている大企業に比べて、ファミリービジネスの中小企業の場合には、社運をかけるような大きな意思決定にかかる速度は格段に速いことは言うまでもない。

二つめは、ステークホルダーへの説明責任 であり、**三つめは事業の永続性への強い意思** があげられる。

意思決定速度については改めて述べるまでもない自明のことであるから深入りするのは避けるが、あとの二つの背景については次節から詳しく見ていく。

2　ステークホルダーへの説明責任

中小企業とりわけ同族支配によってなりたっているファミリー企業の場合には、大きな意思決定をなす場合においても、利害関係者への説明責任（accountability）については大企業よりも簡便であるから羨ましいなどいう声を、雇われ社長である大企業の経営者が本音として漏らすことがある。

とくに、海外では韓国の財閥企業や中国の新興大企業の場合には、企業規模はグローバル化して文字通り地球規模の大企業でありながら、同族支配によってトップダウン方式で意思決定のスピードもさることながら、そのプロセスが簡単明瞭で、トップの鶴の一声で何事もテキパキと決められることを羨ましく、やっかみ半分で妬む声がある。

日本でも、大企業であってもソフトバンクの孫正義、ユニクロの柳井正、日本電産の永守重信らの各創業社長のことを指して、オーナー経営の会社はトップダウンで運営できるから羨ましいなどと言う大企業経営者が多い。

しかしその本音の部分では、あながち妬むというよりも、そのような前近代的な統治形態を蔑んでいるという部分も透けて見える。こちらは近代国家であって、村の酋長が独断で決めるようなことはもうできない状況に、実は優越感を抱いているのが正直なところだろう。

できないほうが優越感を持つというのも不思議なことではあるが、ミドルからのボトムアップの癖からどんなにもがいても脱却できない岩盤の中に幽閉されている状況にあっては、それを改めるのは到底無理と思い知った者は、こんどはその桎梏を自己肯定することで自らの不協和的状況を協和に持ち込むしかないのである。

しかしもっと厳しい見方をすれば、大企業の雇われ社長が羨んだり蔑んだりしているオーナー経営というシステムは、なんでも勝手に一人で決めたり命じたりできるわけでは毛頭ないのであって、説明責任が生じることには何ら相違はない。

要はその説明責任を十全に果たすことができるかできないかという経営トップとしてのケイパビリティ（組織の能力）が問われているのに、その論点を意識するか、しないかにかかわらず回避して、君主制か共和制かという統治機構の話にすり替えているだけなのである。

オーナー企業であっても、外部に各種ステークホルダーが存在することにはなんら変わりはないのである。

顧客、仕入先、取引先、従業員、社会などは企業規模の大小、統治機構の差異にかかわらず事業会社を営む上では共通して存在している。

公開企業であれば株主の声が強くなるが、非公開の同族企業ならその点は楽だろうというのが公開企業経営者の心情かもしれないが、非公開企業の場合には設備資金や運転資金を供給する取引金融機関に対する説明責任がこれに代わる点で、外部の資金提供者に対する説明責任という点では大差ないといえる。

それでも株式公開企業であっても取引銀行への説明責任は生じるから、やはり公開企業の株主への説明責任が重い分だけ公開企業のほうが経営者の負担が大きいという見方があるとすれば、それはエージェンシー問題に関する無理解から生じるといわねばならない。

エージェンシー問題とは、企業の所有者と業務執行者との利害の不一致に端を発する構造的な問題であるから、所有はしても業務執行には従事していない外部株主（プリンシパル）にとってみれば、業務執行者（エージェント）たる雇われ経営陣が、オーナーの利益を損なって自分たちエージェントの利益を優先させるようなことがないように監視するのは、そのような構造を採っている以上は至極当然のことであって、共和制の政治体制下において選挙によって為政者の首がすげ変わるのとなんら違いはないのである。

米国発の新自由主義に立脚した「物言う株主」がヒールなのではなく、所有と経営を分離した時点から避けて通れない関所なのである。

外部株主による経営監視という関所は通りたくないといっても、所有と経営を分離したから生じた必然であって、文字通り避けては通れない関門は、同族経営を意図して放棄した瞬間から生じた帰結といわねばならない。

このように、同族経営が未開の統治形態であり、所有と経営を分離するほうが先進的であるという進化論的な観点は、実は世界的にもほとんど現代の日本（ならびに財閥の専横に辟易し始めている韓国）だけにみられる珍しく偏向したものの見方といえる。

近江商人の「三方よし」の精神には、
「売り手よし」＝従業員満足（ES）
「買い手よし」＝顧客満足（CS）
「世間よし」＝社会貢献（CSR）
と現代日本の株式公開大企業の経営者が当然のように標榜している価値基準が数百年前から包摂されていたこと[※2]からみても、同族経営が後進的な経営システムであると断ずる論拠は希薄なのである。

3　変えるものと変えないものの併存による事業家としての永続性

本書で詳細にその経緯を追ったように、上野久一郎という中興の祖による伝統的ファミリービジネスのイノベーションは、**業種転換**（酒造業から酒類販売業へ）と**立地転換**（滋賀県から東京都へ）を同時に遂行しただけでなく、その販売方式がそれ以前の我が国の流通業に前例のない革新的なものであったという点で、特定のビジネス・ファミリー（商家）にとってのイノベーションと、日本の流通業におけるイノベーションの二つの側面を有している。

業種と地理的立地の双方を同時に転換するのは、事業リスクの観点からは危険度が2乗となるリスクをもっている。これを敢行せざるを得ない事情については客観的資料からは現時点では判然としていないが、漸進的な変革ではなく、不連続な革新を志向した結果に大きなイノベーションがあったことは間違いなかろう。

大企業の場合には、既存事業に用いている経営資源（従業員、設備、投下資金）が莫大な規模となっているため、どうしてもそれらを継続していく意思が色濃く反映され、不連続な革新に対する抵抗感となって表れる。

一方、ファミリー経営の中小企業の場合においても、現有経営資源や累積投下資本の規模では大企業には比肩できないとはいえ、現有事業の存続を脅かす可能性のあるようなリ

※2　このことは末永（2004）をはじめ多くの論者によって指摘されている。

スクの高い経営判断は、やはり回避したい意向が高まるのは同じである。

しかし、既存事業に対して何らかの危機が先に到来した場合には話は異なる。すなわち、事業環境の急激な変化など、伝来の事業を継続することが不可能になるような外部危機の襲来を受けた、もしくは受けることが確実視されるような状況においては、当該ファミリービジネスの当主は、なんとかしてその事業の継続を模索するのは当然であるにしても、どこかの段階でその意思決定が果実を生む蓋然性について冷静な推定を行い、もしその推定結果がマイナスと出た場合、つまりどのような努力を献じても当該事業の存続に対して確信が持てないことが明確になった時には、次の意思決定に推移することになる。


それは、事業家としてのファミリーの永続性を保持する観点である。

代々にわたって事業を営んできた家族のことを、事業家《け》※3と呼称しようとする提案である。英語では、ファミリービジネス・ファミリーとなる。事業を営む家系という意味であり、外部環境や市場動向、あるいはファミリー内部の資源の制約などの理由によることもあるかもしれないが、そのような状況の変化に応じてその具体的な事業内容は推移していく。推移せずに単一の事業内容で数百年以上の永続性を保っている老舗企業も日本には多く見られる（大工、旅館、和菓子、酒造など）一方で、事業環境に応じて多角化を図ったり業種転換を講じたりしているファミリーも少なくない。

多角化や業種転換を行う究極の目的は、事業家《け》としての永続性の確保といえる。祖業をずっとそのままの形で継続することができれば、事業転換にともなうリスクを回避できるし、アイデンティティーの継続性にも資することは間違いないが、環境変化が激しく、その変化に対応せずに旧来の業種に固執することが逆に脆弱性をはらむこともある。

そのような場合には、長寿企業は時代や環境の変化に機敏に対応して業種転換を図ってきた。

上野久一郎は、まさにこの事業環境の激変に直面して、酒造業自体の継続よりも、事業家《け》としての継続性を選択し、東京への進出と卸業への転換を同時に敢行した。

※3　ジギョウカと読まずに、ジギョウケと読む。商家ショウケ、良家リョウケ、武家ブケ、公家クゲ、などの例にみるように、「家」の字を以て代々世襲する職業としてのファミリーを指し示す際には「ケ」と訓じるものと考える。その点、商家という場合に一般に「ショウカ」と発した場合には物理的な家屋敷を主として暗示し（たとえば、旧街道の町並を見て「商家が軒を連ねている」という場合など）、「ショウケ」といった場合にはそのような職業の家系という抽象的概念ととらえる。田中家、佐藤家と書いて「ケ」と発するに同じことである。

それは繰り返し指摘するまでもなく、高いリスクを内包していたし、事実、関東大震災と東京大空襲という二度にわたる大災害で店舗や設備を毎回すべて焼失するが、みたび再起したばかりでなく、業界にかつてない新たな事業モデルを開発して経済的な成果を挙げた。

滋賀県の本家の母屋のならびの土地は、村の鎮守の森に隣接する一等地であるが、そこに書院造の離れ家を昭和32（1957）年に新築したのは、まさに故郷に錦を飾る思いであっただろう。

ファミリービジネス・ファミリーとしての永続性には、「変えるものと、変えないもの」の両面性がある。

すなわち、

変えないものとは、事業家《け》としてのアイデンティティーであり、事業を営む家系そのものの永続性である。

事業を営む家系そのものがアイデンティティーなので、どこかで事業を中断して、公務員なり他社の従業員などとして禄を食む生活に転換することは許されないという立場である。

変えるものとは、その「変えないもの」すなわち、事業家《け》としての永続性を保つために、変化する環境に応じて事業分野をアジャストするということである。それは微修正の積み重ねでもあり、本書でみたような大規模な転換であることもあろう。このように、「変えるものと変えないものとの併存」こそがファミリービジネス・ファミリーの永続性の神髄といえるのである。

4　現代日本における事業継承への示唆

昨今、同族経営の中小企業の後継者難ということが盛んに報じられている。そのたびに、事業継承問題を解決する手法として、M＆Aの活用とか相続税の改変とか、テクニカルな面ばかりが話題となっている。

赤の他人へのM＆Aではなく、本来の「親から子へ」引き継ぐということが何故できなくなったのかという、物事の本質を考えることをみんなが放棄しているのではないだろうか。

改めていうまでもなく、ファミリービジネスといえば、欧州では一つの社会的なステータスである。フランスのシャンパンメゾンや、スイスの高級時計ブランドの中では、外部からの投資マネーのM＆Aに乗らずに、いまもって家族経営を貫いている企業が少数ながら存続している。

かれらは一様にそのことを非常に誇りに思っていて、会社案内のパンフレットやホームページにはまっさきに家族の集合写真が掲示され、中央が当主でＣＥＯ、その隣が後継者で製造部長、反対側に当主の妻でマーケティング担当役員、その隣が娘でデザイン担当部長などと、一族が主要役員を占めつつ経営にあたっていることが大いなるプライドとともに描かれているのが常である。

歴史の浅いアメリカでも、実は同様であることは、アマゾンのＵＳＡサイトを閲覧してみればすぐわかる。出店者の自己紹介欄に We are a family-owned company. などと誇らしげに明記する店が目につく。数多くの競合がひしめく中で、同族経営であることが顧客の信頼を克ち得る大きな訴求ポイントになっている証左である。

ファミリー経営であることをあわよくば隠しておこう、みっともないなどと考える現代日本の状態とは社会的なバックグラウンド自体がまったく異なっているといえる。

実は、日本で後継者難と言われる背景には、こうした社会的な空気が反映されているとみている。日本の同族経営の中小企業に後継者が見当たらないというのは、後継者がいないのではなく、「いても後継者になりたがらない」、「候補者はいるのに名乗り出ない」というのが実態ではないか。

では、そのようなことが、どうして今の日本で起っているのか。

その背景を考えると、金融機関との取引のみならず、不動産やリース資産の賃借の際にほぼ必ず付帯を強制される経営者の個人保証という（悪しき）取引慣行や、事業主よりも被雇用者（会社員、公務員）のほうがクレジットカードや住宅ローンの審査で通りやすいという与信慣行が従来から指摘されてきた。

もう一つは、大衆の意識が大きく影響している。自らリスクを取って国民の雇用に貢献している中小企業の経営者（雇い主）よりも、大企業や官庁の従業員（雇われる人）のほうが、今の日本では社会的なステータスが高い。サラリーパーソンが社会階層の最上位に位置する「サ農工商」の社会秩序（現代版「士農工商」）を反映した、国民全体に根差すエモーショナルな側面が浮かび上がる。※4

戦後すぐは戦災によって働き盛りの世代が大量に失われてしまい、起業家精神の旺盛な者たちが次々に事業を興していった、まさに事業主の時代であった。しかし、その後の高

※4　このことについては、上野（2018）において指摘している。

度成長期には、企業がどんどん成長し、大企業の時代が到来した。つまり、大企業（系列の子会社・孫会社を含む）の勤め人の全盛期となったのだ。

大企業の名刺や肩書が本人のみならず、専業主婦を厚遇する社会保険制度の設計とも相俟って、配偶者にも子供たちにも大企業被用者世帯に社会的優越感とプライドを付与してしまった。これらが重い桎梏となって、失われた20年を経て、令和の御代となった西暦２０２０年になってもいまだにその残滓に苦しんでいるのが、同族経営中小企業の後継者難の実態といえる。

経済的なデータを見ると、ファミリービジネスが同族経営だからといって数値面で劣っているわけではない。学界の専門研究者によって、ファミリー企業の収益性や財務力が非ファミリー企業に比較して低位にあるのではないことが実証研究によって相次いで明らかにされている。（たとえば淺羽（２０１５）による整理など）

同じくファミリービジネス研究の世界で近年注目されているのは、社会情緒資産（ＳＥＷ：Socio-emotional Welth）という考え方である。

金銭的な経済合理性を超越したファミリーの情緒的側面に着目した理論であるが、欧米ではプラス方向に作用したことで導出され、日本でも順調に継承されている老舗企業の研究などにおいて言及されることがある。ところが、現代日本における後継者難という状況においては、ほかならぬファミリーの構成員が情緒的に嫌悪しているために、事業継承においてSEWがマイナスに作用していることを指摘せねばならない。

経済産業省・中小企業庁が毎年発行している『中小企業白書・小規模企業白書』の2020年版によれば、2019年に休廃業・解散した中小企業における直前決算期の当期純利益をみると、驚くべきことに61・4％の企業が黒字だった。黒字であっても廃業を選択するという、経済合理性とは別の意思決定要因の存在を示している。現代日本においては、これまでファミリービジネスを担ってきた当事者の中に、同族経営を続けていくことに対する「負のSEW」が強く働いているということだ。その強度は、根腐れ的頑強さとでもいうべきパワーをもっている。

では、どうすればよいのか。

社会通念をマクロで変容させるには、気の遠くなるような時間がかかる。そこで、社会全体ではなく、ファミリーの当事者だけでよいから、情緒をマイナスからプラスに転換してもらうことが王道だ。情緒に対しては論理ではなく、ストーリーで訴えるのが効果的だろう。

本書で採り上げたような中興の祖と呼ばれる事業家《か》の事例は、業種、時期、インパクトの大小などを問わなければ、仮に第二次大戦後の日本に限ったとしても、実際には数えきれないほど多く存在していたと考えられる。問題は、それが英雄譚として伝承されてこなかったか、もしくはどこかでその伝承が途絶えてしまったことで、後に続く関係者のマインドがニュートラルになってしまったことである。

英雄譚といっても、神話を創作するわけではない。編年体の沿革年表よりも、過去の主要な人物の評伝である。むろん存命中でも構わない。自己のファミリーの先達が何かを成し遂げたというストーリーが、世代を超えて伝わることが重要なのである。そこにリスペクトを感じ、自分がその後裔に連なっていることにプライドが芽生えればよいのである。

全国の事業家《け》（ファミリービジネス・ファミリー）の当事者には、ファミリーのストーリーやナラティブ（語り）の保存と伝承を奨めたい。日常業務が多忙であって、普通ならそこまで手が回らない状況とは察するが、時間の経過は不可逆的に進んでしまう。取材するにも期限は不意にやってくるし、伝承相手にも旬がある。

先祖の汗が浸み込んだタスキを後世につなぐのは、いま、その場に置かれた者にしかできない。この時空を超越した崇高な使命に立ち上がる同志が、一人でも増えることを願ってやまない。

第8章　泰斗短評

1 江戸時代における江州川道村酒造家の推移と上野久太郎家

郷土史家　宮川　弘久

上野家は「布屋」の屋号で、代々「久太郎」を襲名する滋賀県長浜市川道における旧家である。現在は東京に生活の基盤を移しているが、旧家屋は昔のままに維持されている。

そもそも川道村は滋賀県でも「おこない」で名を知られた村であり、毎年2月の晦日に七つの一俵の御鏡餅を氏神様にお供えする神事は勇壮で、中世の惣村の伝統を今に伝える。上野家の宅地は、その氏神様への参道筋に存在する。

中世の川道村は、諸商売が室町幕府より認可された「河道市場」といわれた集落であったので、近世に入っても農家を主体とする農村集落であったが、商売を生業とした人々が多くいた。そのことは、享保9（1724）年辰7月に記録された「江州浅井郡川道村諸色明細帳」（以下「村明細帳」とのみ記す）によって分かる。

家数三百六軒、　内　弐百四拾八軒本百姓、五拾八軒水呑
　人数千三百九人、
　　医師二人、　勝賢、甚兵衛
　職人三十一人、内
　　屋大工拾弐人、屋根屋壱人、木挽壱人、
　　桶大工五人、佐官弐人、唐臼大工弐人、
　　舟大工壱人、麹屋弐人、紺屋壱人、
　　豆腐屋四人
造り酒屋七人、　酒屋譜　拾石、　善太郎
　　　　　　　　同　七石五斗、又三郎
　　　　　　　　同　九石　弥惣右衛門
　　　　　　　　同　五斗　忠左衛門
　　　　　　　　同　弐拾石　市左衛門
　　　　　　　　同　五斗　利左衛門
　　　　　　　　同　三石　伝四郎
酢屋弐人　請売仕候　七右衛門、弥五左衛門
商人五人、　内　三人　小間物売

（以下、郷蔵・高札場の記載になる。）

上野家は屋号を「布屋」というが、酒屋つまり醸造業を行い、かつ田地を保有している。つまり近世の上野家は三つの職業を兼ね備えた家ということになる。

●村方としての上野家

上野家は、川道村の百姓久太郎として代々襲名して、少なくとも江戸中期には生活基盤を川道村においてきた。江戸末期の「川道村五人組帳」によると、久太郎家の田地所有高は2石8斗2升で、中農に位置づけられる。

川道村には上野姓を名乗る家（表向きは名乗れないが内々では使用していた）は久太郎以外に「伝四郎（2斗9升）」と「太四郎（2石6斗8升）」と「八郎兵衛（1石8升）」があった。このうち石高が一番多いのが久太郎であるが、時代的にこの石高は幕末のものであるため石高＝本家とは言い切れない。

この四家は、すべて「下村」という庄司（川道村は下部組織として七つの組で構成されていたがその組を庄司と呼ぶ）であり、四家とも寺請制度の手継ぎ寺院を同じくし、真宗大谷派の明願寺門徒である。したがってこの四家は一族とみてほぼ間違いないであろう。

明願寺は川道にある真宗寺院の中でも一番古さと寺格が他にぬきんでており、「諸戸」という生え抜きの家で構成され、少なくとも江戸時代初期には村方としての確固たる地位を築いていた家がほとんどである。明願寺の過去帳から、この四家の来暦を確認できる。

●商人としての上野家

上野家が江戸時代に布商いをしてきたという事実を証明する「大福帳」や「掛け取り帳」などが残っているのではなく、ただ、商家と考えたのは代々「布屋」と名乗ってきたからである。

そもそも「布屋」の屋号のもつ意味も曖昧であるが、『近世村落の経済と社会』（原田敏丸著）には、享保９年の各村々の明細帳から東近江市五個荘の事例から布を扱う業種が以下のようなものであることを記載されている。五個荘の一部が、川道と同様の大和郡山藩領であることからも大いに参考になる。

・布方をかせぎ渡世　　・布商売

・布かせき　　・麻苧布洗織

・布賃織
・布仕入れ仲買職
・布仕込み仕度
・布類仕入織
・布洗仕立織
・布小売（伊勢へ）
・布敦賀表へ持ち下り売り捌き

五個荘では農作業の合間にこのように布に係わる商いや製造に従事していたことがわかる。そして前掲書では「当地方（近江湖東地域）では早くから織布が普及し、布が問屋商人の手によって売買されていた」と布商人の存在を明らかにしている。私見ではあるが、こういう人々の家が「布屋」と呼ばれたのではなかろうか。

川道村の「村明細帳」に「商人、かせ買、弐人」とあるし、また「村明細帳」の後半に「耕作の外、男女かせぎの事」として「但し、男は草刈り、藻取り、縄ない。女は蚕かせぎ、太布かせ仕、渡世送り申候。」と記載されている。このことから、農作業の合間に女性は蚕を飼い繭を売り、苧麻の茎から繊維をとって綛《かせ》にして収入を得ていたことが分かる。そして綛買いを商売とする商人が二人いたことが川道村の江戸中期の実情であった。綛買い商人の名前が記されていないので上野家と断定できないのが残念である。

●酒造所、酒屋としての上野家

上野久太郎家が酒造業を始めるのは天保4（1833）年である。そのことを明らかにするのが次の文書である（この文書の写真は60頁に掲載）。

乍恐御尋に付奉申上候。

一、此度酒造御取調之儀に付、昨十一日被召出、名前之儀御尋御座候。右者私所持之株高六拾石、元伝四郎所持に御座候処、右株私え相譲呉候様申聞候に付、五ヶ年已前、天保四巳年五月譲受之儀、双方より奉願上候処、同六月御聞済被仰付候之節、右伝四郎切替已前之通久太郎に御座候。

浅井郡川道村
酒造人　久太郎　印

天保八年酉年十一月十二日

庄屋
中川仁右衛門　印

年寄
久蔵　印

右御尋に付奉申上候通相違無御座候以上

海津　御役所

天保4（1833）年に久太郎が伝四郎から株を譲り受けて届出のうえ酒造を始めたことを、天保8年に再度海津御役所に届けている。海津役所とは、高島・浅井郡の大和郡山藩領を支配していた代官所のことであり、高島郡マキノ町海津に置かれていた。

また、上野家文書の安政6（1859）年「酒造株譲請並御鑑札御請書写」には、譲渡に関する詳細な記録が書き留めてある。

乍恐書付を以御願奉申上候

一、酒造米高六拾石　　此元高　　三石

右は私所持酒造株、文化元子年御改後書面之通酒造仕来候処、近年病身に罷成酒造難相成候に付、此度居村百姓久太郎え右酒株並酒造道具共相譲り申度奉存候。何卒以御慈悲、右願之通御聞済被為成下置候様、乍恐以書付奉願上候。以上。

川道村
酒造人　伝四郎　印

天保四巳年五月

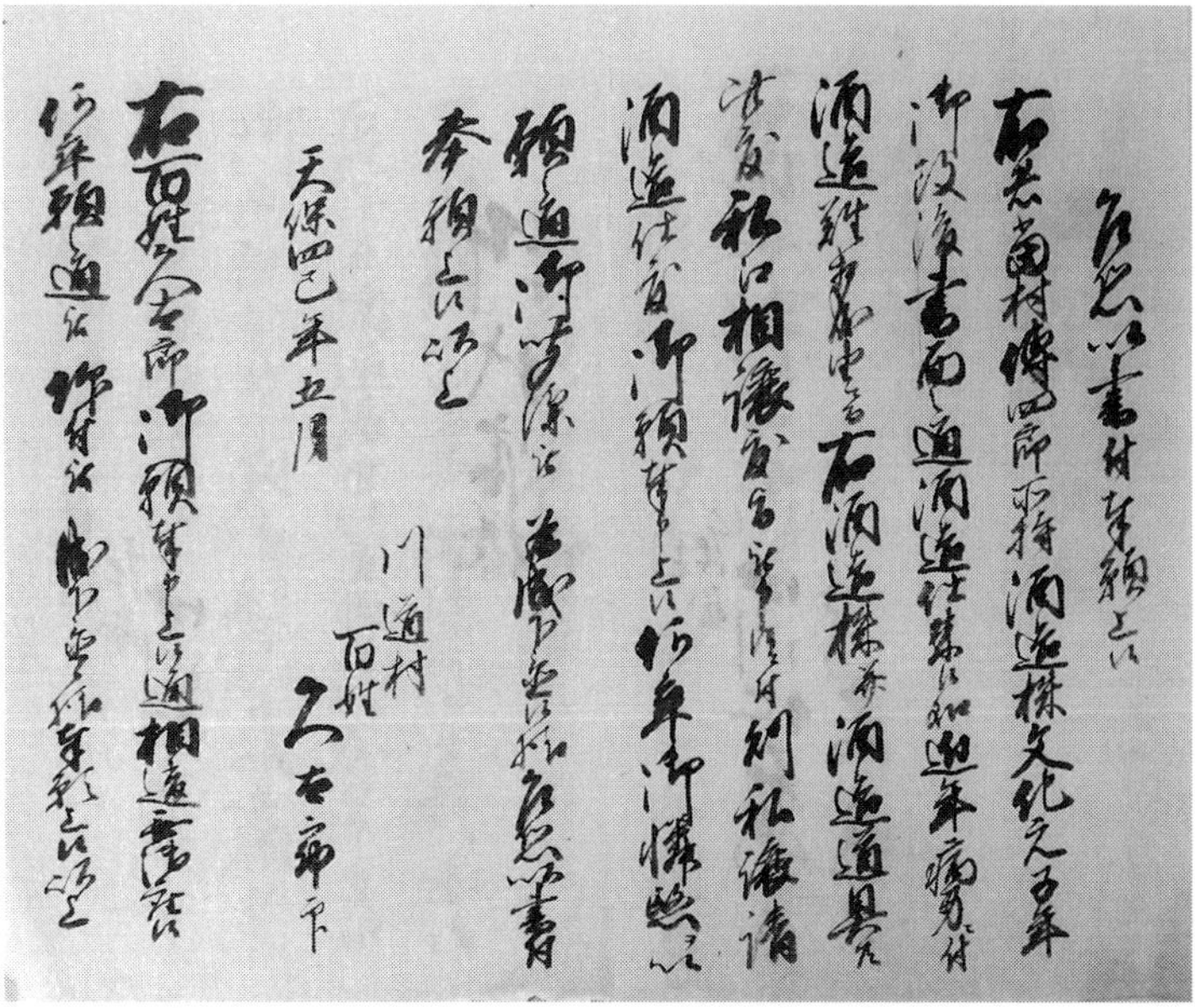

乍恐以書付奉願上候

右は当村伝四郎所持酒造株、文化元子年御改後書面之通酒造仕来候処、近年病身に付酒造難相成由にて、右酒造株並酒造道具共此度私え相譲度旨被申候に付、則、私譲請酒造仕度御願奉申上候。何卒御憐愍を以願之通御聞済被為成下置候様、乍恐以書付奉願上候。以上。

川道村

百姓　久太郎　印

天保四巳年五月

乍恐奉差上御請書之事

一、当村伝四郎所持之酒造株此度私え譲請、百姓作間酒造渡世仕度段御願奉申上候処、御聞済被成下、難有仕合奉存候。右に付、火之元万端大切に可仕旨被仰渡奉畏候。依之、右御請書奉差上候。以上。

江州浅井郡川道村

久太郎　印

天保四巳年六月

右、久太郎え被仰渡候通私共立合承知仕候。以上。

同村庄屋

中川　仁右衛門　印

年寄

忠三郎　印

〃

久蔵　印

御代官様

これらの文書から上野家の酒株60石は、もとは伝四郎のもので、天保4（1833）年5

月に譲り受けたことが確認できる。

伝四郎については、先の享保9（1724）年の「村明細帳」によると、「造り酒屋、七人」の内にあって酒株3石を所持していたことが記されている。伝四郎はその後川道村の他の酒株を収取したようで、60石まで増石し川道村で唯一の酒造家となった。

実はこの伝四郎家は上野伝四郎と名乗り代々襲名し現在もその居宅は続いている。おそらく伝四郎が酒株を譲るにあたっては上野家一族の近い関係の者を選んで譲ったのであろう。

以上僅かな史料でしか確認できないが、敢えて近世川道村における酒屋・酒株の変遷の概要を整理すると

「近世初期の段階から本村には数軒の酒屋が存在して、合計40石から60石程度の醸造がなされていた。近世中期には、七軒の酒屋でそれぞれ持ち株に応じて酒造りを行っていたが、その後は次第に酒屋が整理統合されていった。そして近世後期には酒屋が一軒となり、60石の酒造りが独占されるようになった。」ということになる。

このころの浅井郡内における酒株高についての記録が滋賀大学経済学部附属史料館に残り、川道村をはじめ浅井郡内二十二カ村をまかされた大庄屋・大浜太郎兵衛家の享保8（1723）年「浅井郡之内村々酒株造石高書付帳」である。ここには当時の浅井郡の酒

表2　「浅井郡之内村々酒株造石高書付帳」（享保8年）

村　名	名　　前	酒株高	備　　　考
川道村	酒屋　市左衛門	20石	去る寅の年酒造高20石
同村	酒屋　善太郎	7石5斗	去る寅の年酒造高7石5斗
同村	酒屋　又四郎	7石5斗	去る寅の年酒造高7石5斗
同村	酒屋　太郎庄司	3石	去る寅の年酒造高10石
同村	酒屋　弥惣右衛門	8石	去る寅の年酒造高10石
同村	酒屋　利左衛門	5斗	去る寅の年酒造高5石
同村	酒屋　五左衛門	5斗	去る寅の年酒造高5石
野寺村	酒屋　小兵衛	6石	去る寅の年酒造高7石
新井村	酒屋　又左衛門	14石	去る寅の年酒造高7石
同村	武左衛門	休み5石	
同村	彦兵衛	休み5石	
唐国村	酒屋　久左衛門	3石	去る寅の年酒造高4石
同村	酒屋　忠右衛門	5斗	去る寅の年酒造高1石
同村	酒屋　源左衛門	3石	去る寅の年酒造高10石
五ノ坪村	酒屋　治太夫	2石	去る寅の年酒造高4石
小倉村	酒屋　利右衛門	1石	去る寅の年酒造高2石
弓削村	酒屋　治太夫	5斗	去る寅の年酒造高1石
津之里村	酒屋　与左衛門	5斗	去る寅の年酒造高1石
浜　村	平助	休み7石	

屋・株高・酒造石高を克明に記録している。

この表で分かることは、川道村に酒屋が七軒も集中していることである。当初、幕府は酒造りに対して農民の耕作に影響がでることを考え禁酒の方針をとっていたと言われる。それゆえ農村での酒造、飲酒は控えめになっていて、酒屋のない村々が多いのは幕府施策の影響と言えよう。しかし、そういうなかで川道村の酒造り石高が他村に比べて特別に高いのはどういうことなのか。川道村に七軒の酒屋と醸造高計47石もあったことは、やはり異常な傾向である。

もっとも浅井郡内でも外に数十ヶ村の村があり、それらの統計が無いなかでは一概には言えない。さらに、ただ造られた酒が近在の村々に小売されたかどうかも確実ではないが、村内消費に充てられたとすると一軒当たり年間約2斗を消費していたことになり、現在と変わらない当時の川道の人々の豊かな飲酒生活が垣間見てとれる。

これ以後、文化年間（1810年頃）までは川道村に関する醸造史料が見つかっていないため、酒造りがどんな展開をしたのか判然としない。

つぎに史料が現れるのは文化3（1806）年である。

この年「勘七焼け」という下村の内11軒が焼ける大火があった。この火事でおそらく伝四郎の酒蔵も焼けてしまったのであろう、新たに酒造用桶を製造し極印を願い出たと思われる史料が上野家文書に残されている。

表書きが「文化三寅年五月、酒造桶御請書、江州浅井郡川道村、酒造人伝四郎」とある帳面である。

「酒造桶八石桶五本、同拾石桶弐本、同すまし桶弐ツ、同小出し桶弐ツ、同手伝桶弐ツ、同蒸桶弐ツ、同半切桶拾参、同米漬桶壱ツ、同水桶壱ツ、同小桶三ツ、同中桶壱ツ、同酒船壱ツ」

とすべての桶を書き上げ、最後に

「右、御極印被成下候酒造桶を以新酒寒造仕込み仕り候段、相違無御座候。右の外増造隠造等の儀仕間敷旨被仰渡」

と代官に対し違背する醸造は行わないことを誓っている。

この綴りが久太郎家に引き継がれたのは、おそらくこの記載の桶がそのまま久太郎家に渡されたからであろう。そして、はたして前に述べたように天保4(1833)年、これら道具類とともに酒株を伝四郎から譲り受けることとなる。

ところで天保4（1833）年は全国的に米不作で、幕府は9月になって「当巳年酒造之儀者是迄造来り高之内三分一減石」を各藩に命じた。

これを受けて各酒造人は支配の代官に対し隠造しない旨の請書を提出している。

この時久太郎の提出した請書の控えが当時の庄屋であった中川仁右衛門家の文書「諸願面留帳」に記録されている。

またこの庄屋記録に11月に米の高値や天候不順による作高不足に陥ったことが記され、藩に対し百石のお救い米を願い出たことも記している。

久太郎が伝四郎家から酒株と酒造道具を譲り受けたのがこの年の5月で、いよいよこれからというときにいきなり減石を命じられ困惑したことであろう。

この時の減石令は翌天保5（1834）年も引き続き出された。

そして天保8（1837）年、いわゆる天保の飢饉のときは三分の二の減石を命じている。上野家文書にもこのとき藩に提出した「天保八酉年正月、三分一酒造桶書上帳写」が残されている。またこの年の11月には、大和郡山藩領下七ヶ村の酒造人連名にて三分の二減石を堅く守ることを誓った請書と、七ヶ村の酒造人・庄屋・年寄連名で「酒造米減石書訳帳」

を差し出している。

天保の飢饉の深刻さがこれらの文書によって伝わってくるようである。しかしその後は作柄も次第に回復していき、天保11（1840）年には「五分減石、五分造」が布告され、酒造りも年を追って正規の醸造高に戻っていった。

ここで上野家に渡された酒造鑑札について見ておこう。先に紹介した上野家文書の安政6（1859）年「酒造株譲請並御鑑札御請書写」の中に、鑑札の現物を写した絵図が残されている。

鑑札には天保14（1843）年の年紀が記されている。

記録にも

「乍恐奉差上御請書、一御鑑札壱枚、酒造米高六拾石。右は諸国酒造之儀、是迄酒造株と唱来り候処、株と唱え候儀相止め、酒造稼と唱替此度御改御座候。酒造米高を以て以後為取締、酒造人どもえ御鑑札御渡に相成候。（中略）江州浅井郡川道村酒造人久太郎。天保十五辰年十二月。酒造御役人様。」

とある。幕府によって一斉に全国の酒屋の酒株を廃止し、代わって鑑札を渡したのである。天保の改革は都市部の株仲間の解散を行ったことで有名であるが、在方の株も影響を受けて廃止されることとなったようである。

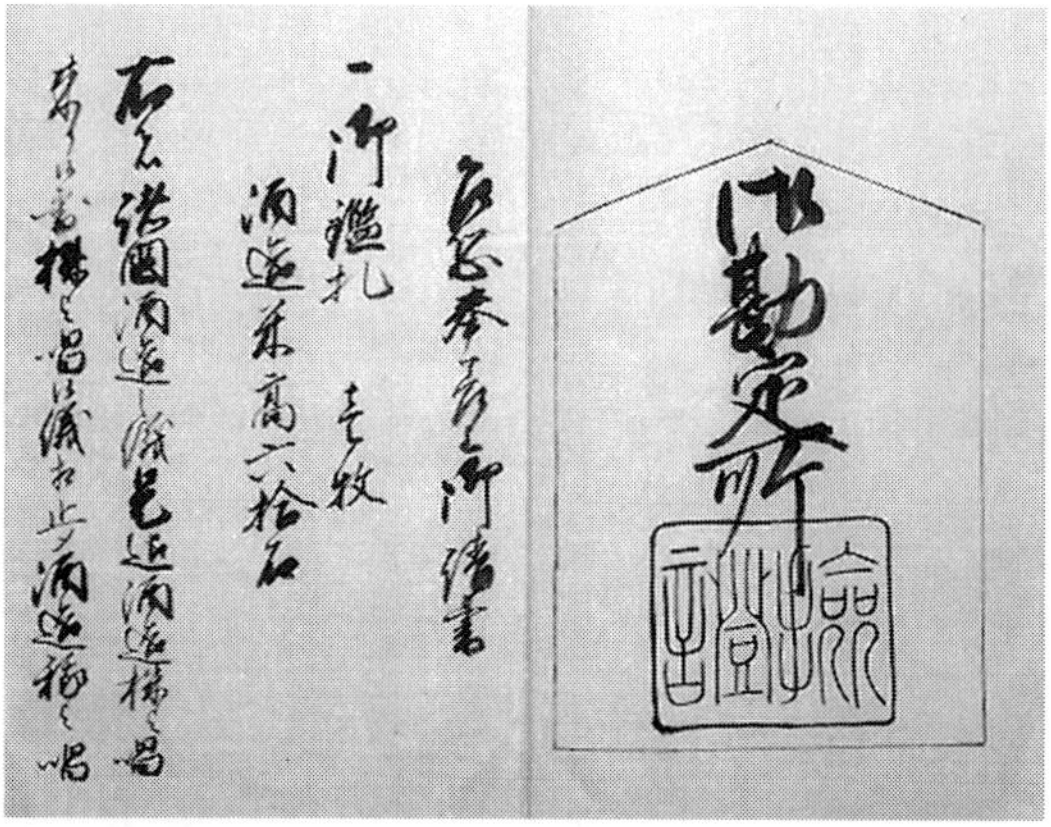

鑑札の図面（表）

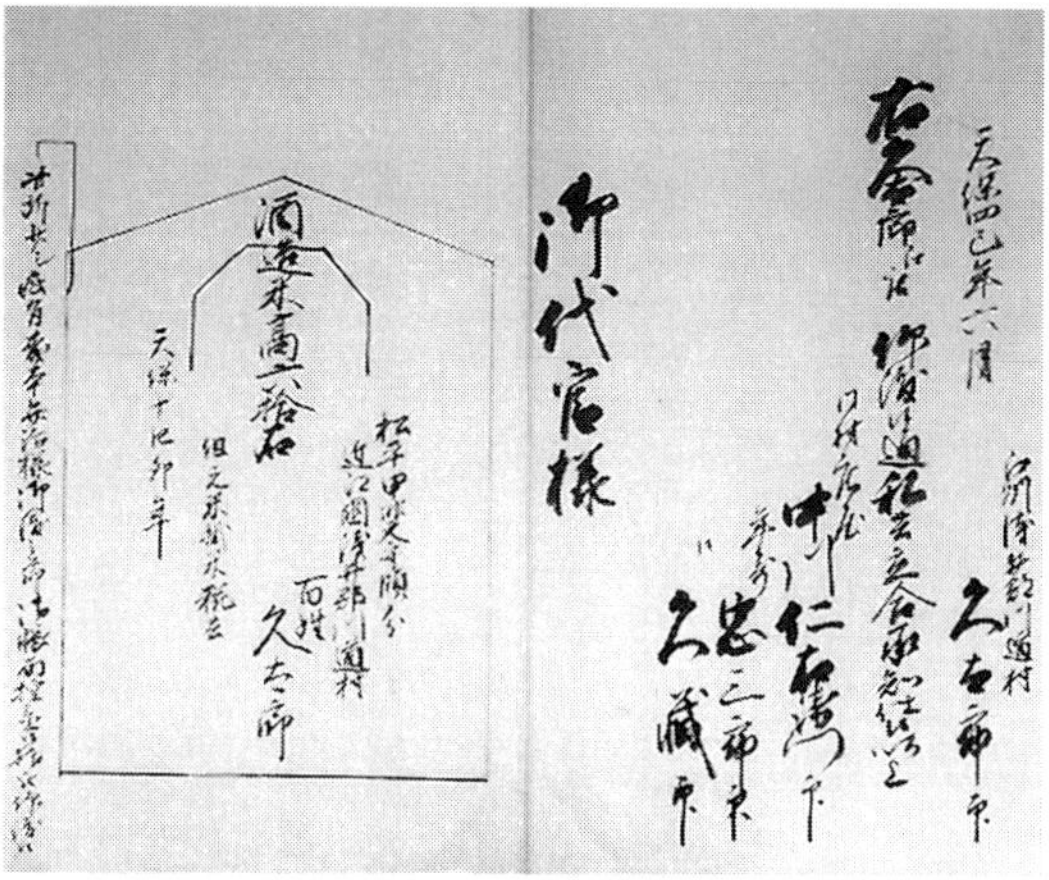

鑑札の（裏）

自由な競争を促し物価の適正化を狙う政策であったが、結果は失敗に終わり、水野忠邦は天保14（1843）年9月失脚した。結局酒造株は廃止したが、実質的営業は鑑札を基に営業の独占化は変わることはなかったようである。

その後、弘化・嘉永と安定した酒造りが行われていたが、安政6（1859）年、再び三分の一減石が幕府酒造奉行上野馬次郎より布告された。ここで注意したいのは、これまでは幕府が減石布令を各藩に通達し藩からあるいは代官所から在方へという流れであって、大和郡山藩の「海津代官」が支配村々の庄屋を通し酒造人に示していた。

ところが、このときは大和郡山藩役人からではなかった。上野家文書の「安政六未年十二月、酒造桶御改帳」によると、酒造人・年寄・庄屋が違背しない旨を記し「上野馬次郎」なる人物に請書を提出したということを、改めて大和郡山藩海津代官所に報告している。

「右之通、酒造御奉行様え奉差上候写、奉入御高覧候、以上。酒造人久太郎・年寄五郎吉・庄屋奥村清五郎。海津御役所」

と記録されている。

ここに幕府の酒造政策上の役職として新たに「酒造奉行」が置かれるようになったことが分かる。

上野家文書には、酒造桶改帳が、この安政６（１８５９）年、慶応２（１８６６）年、明治元（１８６８）年と三冊残されているが、請書の宛所はすべて酒造奉行である。

ちなみに安政の鑑札高（これまでは酒造高と唱えていた）三分の二造りを布告したのは米価高騰のためであり、慶応の三分の二減醸令もまた米価の高値が理由であった。慶応４（１８６８）年戊辰戦争の終結をもって明治新政府が誕生する。近代国家として歩み出した政府は、明治４（１８７１）年新しく「酒造免許制度」を公布し醸造業の取締りを行うこととなる。なおこれ以後の近代については稿を改めることとし、この段で最後としたい。

2 布屋本店 上野家文書の研究意義

静岡文化芸術大学准教授 曽根 秀一

布屋本店の史資料に初めて出会ったのは、平成30（2018）年初夏の蒸し暑い日であった。当然ながらその感動的な出会いは深く心に残った。

布屋本店は、近江国を源流とした酒卸の名門企業であり、かねてより調査にうかがいたいと思っていた。上野善久氏も私が訪問することに合わせて史資料を本家のある滋賀県長浜市から日本橋の事務所の一室に取り寄せてくださっていた。

段ボールから取り出すことから始まる未調査の状態でもあり、感動もひとしおであった。1時間ほどの滞在を予定していたが、急きょ史資料の写真撮影、メモや整理など、調査がはじまった。作業のため、手洗い場や石鹸もお借りし、午後からはじまった調査は気づけば日も暮れていた（携帯電話、カメラの電池も切れかけていた）。

これまでわれわれは、全国に広がった近江商人系の企業を曲りなりに調査してきたが、この上野家の史資料は重要な意味を持つと考える。その理由は大別して5点ある。

第1に、**江戸、東京に進出した近江商人系の史資料が残存している**ということである。その多くは、関東大震災、太平洋戦争の戦火によって焼失してしまい、その家や企業がもつ歴史や由緒そのものも失伝していることが多いからである。

第2に、**近世から近代まで存続してきた企業の変遷を観察することができた**ということである。近江商人の研究は数多くあるが、すでに事業を行っていない家の事例も多い。当然、はるか以前に廃業した組織の研究も重要であるが、上野家の文書や伝承にもあるように、蚕糸業から酒造、そして東京への進出にともない酒卸への業種替えと、経年的変遷を長期にわたり観察できることは学術的にも重要なことである。

第3に、同家の江戸期の文書から明らかなように、本宅のあった川道村は、海津役所の管轄内であり、郡山藩の飛び地であった(その説明は下記にて論じる)。郷土史はもちろん、**藩史研究の意味でも貴重である**。

第4に、**酒造業の研究においても参考となる**。酒造許可にかんする資料(家業の存続に関係した)や文化3(1806)年の史料「酒造桶御請書」にもあるように、「すまし桶」、「小出し桶」、「手傳桶」などの酒造りにおける道具類も興味深い。

第5に、**近江商人研究[※1]に対する貢献である。**近江商人の学術的研究は、100年の歴史を優に超える。しかしながら、その中心は同商人が多く輩出されてきた日野、近江八幡、東近江、豊郷などの家々であった。上野家のような滋賀県北部長浜市域から江戸、東京に進出した人々を論じることは、希少である。

そこで、布屋本店・上野家に残る史料を概観したい。

同家に残る一番古い史料は、文化3(1806)年の「酒造桶御請書」である。ここには、江州浅井郡川道村の酒造人 傳四郎が、手代の今中専治、大村弁助に宛てて論じたものである。この今中専治と大村弁助は、海津役所の手代であったことがその後の調査で判明している。

本史料にある差出人の住所である川道村は、大和国郡山藩の飛地であり、浅井郡と高島郡の郡山藩飛地領を管轄していたのが、海津役所(現高島市マキノ町海津)であった。文化元(1804)年に自由に酒造を行ってよいという法令が出ていたが、制限もあったことがうかがえる。

郡山藩から酒造制限にかんする書状(法令)が来たのに対し、

「右者御極印被成下候酒造桶を以、新酒寒造仕込仕候段、相違無御座、右之外増造隠造等之儀仕間敷旨被仰渡、万一被　仰渡之趣於相背者、酒造人者勿論、所役人迄急度曲事可被　仰付之段、還又被　仰渡奉畏候」

とある。

つまり、「これだけの分量をつくります」と報告したうえで、「報告した分以上は絶対につくりません」という誓約を手代に出していたのである。また、酒造制限は代官ではなく、手代の管轄だったこともこの文書からも明らかとなった。※2

安政6（1859）年に、天保4（1833）年にしたためた文書を写した、「酒造株譲請并御鑑札御請書写」がある。

そこには、

※1　近江商人の定義は、その研究者によって微妙に異なるが、近江国、滋賀県に本家（本宅）を置き、他国稼ぎを行った商人ということには異論がないであろう。

※2　同年に、ほかの村々にも酒造や酒造制限に関連する書状（法令）が来ているかどうか、他史料で確認したもののその記述をみつけることができなかった。

「文化元子年御改後、書面之通、酒造仕来候処、近年病身ニ罷成、酒造難相成候ニ付、此度居村百姓久太郎江右酒株并酒造道具共相譲り申度奉存候」

とある。このことからも傳四郎が病身のため、傳四郎から久太郎へ酒株および酒造の関連諸道具が譲り渡されたことが文化3（1806）年の史料に補足して明らかとなった。

さらに、海津役所との関係についてもみてみよう。

そのことを裏づけるものとして、文化3（1806）年に次ぐ古い文書として天保8（1837）年の史料がある。ここでは、浅井郡川道村の酒蔵人である久太郎から海津役所への届け出がなされている。また、文書内では天保4（1833）年に株高60石を傳四郎から久太郎へ譲ったことが記されており、株の継承についてもうかがい知ることができる。※3

最後に学術的視点からの課題を示したい。商いの方法や理念、組織構造、経営実態の詳細な内容は不明な点が多々残されている。また、他国の商人らと比較するとどのような違いがあるのか、現段階では文書の内容からは具体的事象は明らかにできない。今後の研究発展に期待したい。いずれにしても失伝してしまう可能性のあったこれらの史資料や歴史的事実をこのようにまとめることができたことは今後の研究においても大きな貢献であろう。尽力された上野善久氏に心より敬意を表したい。

※３　上野家の酒造業の歴史において、傳四郎の存在が確認されたことは重要な意味をもつものである。

3 上野家旧宅訪問記

建築家 河辺 哲雄

２０１７年４月の心地よい春の日差しの中、旧知の仲でもある上野家11代当主の上野善久氏の案内で滋賀県長浜市の上野家旧宅を訪問した。

琵琶湖の北東部にある長浜は戦国の世に度々出てくる名であるが、今回初めて訪れる機会を得た。

京都からぐるっと琵琶湖を廻る道は、高速の快適な旅とはいえ結構遠く、２時間弱程度はかかる。改めて琵琶湖の広さを知ることになる。長浜の旧市街から北に5分程行ったところに静かな和風の旧宅が続く街並みが現れた。

写真１　南西角より上野家全景を見る

写真2　西側の掘割、奥に蔵と母屋が見える

写真3　改修を終えた蔵

上野家は街区の角地を占め、背後には尊住院という広々としたお寺を配し、絶好の環境にある。敷地の境界をなす西側と南側には小さな掘割があるが、かつてはこの三倍もの幅があったという。また最初の敷地は西側の掘割を挟んで反対側にあり、当地には何らかの理由で転地したという事である。

敷地の南西角に立つと、この上野家の両方向に旧宅が並ぶ様が見られる。徐々に昔ながらの日本家屋も姿を消しつつある昨今であるが、こうした住宅はぜひ残してもらいたいものだと思う。（写真1）

上野家は前述の通り、敷地の西側と南側に掘割があるため入口は敷地西側の小さな橋を渡って入っていく。左手には改修を終えた板壁と白壁の対比が印象的な蔵がある。（写真2・3）

写真４　左手奥に母屋、右手の庭の背後に書院が見える

写真５　玄関へのアプローチ、背後の破風の妻面はお寺

蔵の奥は2階建ての母屋が建ち、右手は西面に沿って広めの砂利敷の空地がある。そして、その奥には庭園、さらに平屋建ての書院が見える。（写真４・５）

このアプローチは正面の母屋と書院をつなぐ通路の奥に、寺院建築の破風の壁面が重なっていることで、同じ一群の建物のように見える。このことは、建物自体を実際以上に大きく立派に見える効果となっている。うまい借景とでも言えようか？

さて筆者は都内の鉄筋コンクリート造の官舎に生まれ育ち、その後建築に進むも和風に触れる機会もなく、むしろヨーロッパ建築に関心が傾き、フランスで建築と都市計画の研究を行なっていた。こうした経験から日本家屋を語るには全くの門外漢である。

ただ２０１２年頃から箱根の老舗ホテルの増築の仕事を

写真６　蔵の内壁

写真７　母屋にある仏壇

担当するうちに、日本の伝統建築の素晴らしさにようやく開眼し、日本各地を旅することをひとつの趣味としていたところでもあり、日本建築研究初心者の想いで見学させていただいた。

最初に目に留まったのは蔵の内部の壁面である。（写真６）

木造の骨組の間の壁面は改修時に壁の内部が露出されたそうで、土壁とそれを補強する縦に並ぶ竹の筋を交差する細かな縄紐で緊結している様が見て取れる。現在の鉄筋と同様の役割が竹によってなされており、日本の職人の繊細な手技には改めて敬服させられる。

母屋は移築されたと前述したが、そもそも建築年代は不明だそうだ。想像するに１００年以上は経っ

写真８　縁側部

写真９　板目を市松に張り分けた天井

ているのだろうか？　上野家の歴史から見ると明治にまで遡るのも不思議ではない。

シンプルな切妻の構成であり、長野から岐阜あたりにも見られる、少し骨太の典型的な民家建築とも言えるだろう。そして襖によって仕切られた和室のつながりは、日本家屋の典型的なプランである。

この和室の奥には、一間分の幅をとった仏間がつくられ、ここには工芸品とでも言える立派な仏壇がある。私にはその価値がよくわかないが、ミニチュアの社のような凝った作りであった。（写真7）（仏壇についての詳細は後掲）

渡り廊下を進んでいくと書院につながっていく。

この書院は昭和32年の落成と記録されて、上野久

写真10　欄間の彫刻

写真11　上下を開け中を塞いだ雪見障子

一郎氏が64歳の時に出来た建物である。
年表からもわかるように、久一郎氏が東京で震災や戦争を乗り越え、多彩なビジネスで成功した証として故郷に建てた、と思える気概が感じ取れる建物で、シンプルな平屋建ての切妻屋根の構成であるが、縁側部は小庇となり二重屋根となっている。（写真８）

母屋とは異なり書院には様々な久一郎氏の思いが詰まっていることが感じられる。

内部は板目を市松状に張り分けた格子天井（写真９）
欄間には彫刻が施されている。（写真10）
上下を透明に真中を障子とした雪見障子。（写真11）
これらはいずれも凝ったディテール。

そして渋い鼠色の塗り壁による床の間と付書院の組合せ。

写真12　床の間と付け書院

写真13　庭より書院をみる

(写真12)

これらは、京都の本格的な書院建築とも変わらない印象であった。(写真13)

明治大正期に、事業を興し成功した日本の経営者には、その成果の一つとして日本建築、特に書院建築を建てることに腐心した例が各地に見て取れる。

京都東山の書院建築群や愛媛の臥龍山荘など、そこには何か西洋文明を受け入れながらも、日本人としての誇りと魂を込める装置として書院建築を残したようにも思える。

久一郎氏が晩年に建てたこの書院も、明治・大正・昭和の激動の中で生きてきた日本人経営者としての、日本文化への誇りと意志がその一つの成果として現れているようにも思える。

こうした優れた日本建築が大切に保存されまた活用され続けることを願うばかりである。

湖北で羨望の「和泉檀」と上野家の仏壇

お仏壇のはじまり

本来、仏壇とは御本尊をお祀りする厨子を安置する壇のことを意味し、寺院の内陣か、寺院それ自体を指していたが、現代では、各家庭にある先祖の位牌や御本尊を安置する箱型のものという意味で使う。

戦国時代には、仏壇は存在していない。戦乱の時代が終わり、身分制度が確立すると「家」の意識が芽生え、家人の死を弔い先祖を供養する行いが生まれた。やがて江戸幕府は体制維持と人民掌握を目的に、寺と檀家の関係を結ぶ寺檀制度を断行し、僧侶が檀家それぞれへ法要に回るようになると、その信仰の対象としての仏壇が創られるようになった。

とりわけ滋賀県北部の農村地域では浄土真宗中興の法主と言われる蓮如の積極的な布教や、鉄砲鍛冶職人の仏壇職人への転職などの要因もあって、大変上質な仏壇が生まれる素地の上に、天才的な職人が誕生する。

羨望の仏壇「和泉檀」

後世に名を遺す匠が藤岡甚兵衛と藤岡重

兵衛である。藤岡甚兵衛家は「重光」「光守」「長好」「一富」「利盈」と5代まで続くが、その後、藤岡重兵衛の作品が多くみられるようになる。現在も長浜で作られる浜仏壇と区別し「和泉檀」といわれ人々の羨望を集めるようになった。

和泉壇の特徴

和泉壇の呼称はいつごろから始まったのか定かではないが、明治に入って長浜壇が広まっていくなかで、区別する意味で藤岡氏の手懸けたものを「和泉檀」と呼んだと考えられる。

藤岡氏が手懸けた期間は300年に亘るので、それぞれの時代や家系により作風は異なっている。それでも和泉壇と思われる根拠はおおむね以下のものと考えられる。

・台輪や見えない部分の板戸などを除いて、柱や框は玉杢の現れたケヤキの一木材を使う。

・蛙股はかならず若葉が交差するものを彫っている。

・笈形は曳山に用いられた雲をかたどったも

の、ワラビ手のようなものが見られる。
・障子は折長押が多い。
・彫刻はケヤキ材を用いていろいろ彫っているが、特に蓮や雲が写実的で美しい。
・廊閣・向こう唐破風・通り屋根・通り屋根に出唐破風などバリエーションが多いが、八棟は見かけない。
・木鼻に象や獅子を使わず、素朴な拳型にするか、雲を流すような型を使う。

上野家の仏壇の特徴

上野家の仏壇には和泉檀の特徴がすべて確認できた。ただ一点、上野家の仏壇の特筆すべき点は、屋根が八棟の形式になっているということである。これは明治に入って浜壇がすべて八棟で統一され広く行き渡っていたために、おそらく上野家の注文で流行の八棟に拵えたものと考えられる。

上野家に残る「仏壇を購入の記録」

上野家の仏壇は、明治35（1902）年、藤岡和泉仏壇屋から代金300円で購入している。その上に付属品としては本鍍金の装飾金具を16円で、総金縁の前卓を21円で、和讃卓を9円で、脇卓一対を12円で、和讃と御文章の箱二個を12円だったと記録されている。補足になるが、当時の平均的人力車夫一家の一日の生活費が50銭ほどなので、300円は約650日分に当たるという、相当高価な値段であり、芸術品としても価値の高い仏壇といえる。

宮川　弘久

あとがき

本書は、同族経営をなす事業家《じぎょうけ》すなわち「ファミリービジネス・ファミリー」の永続性に心を砕き、幾たびの困難を克服するばかりか類まれな新規性の高いイノベーションを日本の流通業にもたらした上野久一郎の生涯と、その事業モデルの経営学的意義を明らかにしたものである。

記載内容となるべき材料を集めるのは簡単ではなかった。

いまから50年以上前に本人が急逝したため、自身の半生を回顧して誰かに伝えておく準備がまったくなされていなかった。本人亡きあと、「ファミリー」と「ビジネス」の二側面において別々の嫡子がそれぞれの後継者となったことも、本人のナラティブが散逸しファミリーストーリーが断片化する要因となった。

大企業であれば、総務部などに会社の歴史的資料が保存してあることも多いが、そのような組織は通常の中小零細企業には設置されていないし、長く勤めた古参の社員といえども、語れるのは自己が見聞きした商売面の事情に限られる。それ以前のストーリー、まして先代当主の若いころの心の内などは、どこかの段階で意図して明文化する作業をしない限り、伝承の対象とならないことが浮き彫りとなった。

江戸時代の厳格な酒造統制によって、酒造株や毎年の醸造石高に関する報告文書は全国の酒造家において克明に作成されていたが、当家においても多くが土蔵の奥で大切に保存されていた。ところが、旧家を相続した嫡男が物故し、遺族がその収蔵品の大半を手放した直後に、不用品として廃棄処分場行きとなった2トントラックに積みきれずに放置されていた数個の段ボール箱の中に、本書で紹介した当家の古文書多数を発見したのが5年前のことだった。これはまったく偶然の出来事であり、その文書の存在自体が(社内にも家内にも)語り継がれていなかったため、寸でのところで廃棄を免れたうえに、このような形で後世に伝承することができたことは奇跡的な幸運といえる。

本書の実現までには、多くの方々に絶大なご協力をいただいた。

滋賀県長浜市の郷土史家・宮川弘久氏には、当家の来歴につき詳細に教えて頂き、当社の源流が江戸時代に酒造家の同業者を何軒もロールアップ型の事業統合を果していた事実を、当時の庄屋文書などから具体的にお示しいただいた。建築家の河辺哲雄氏には遠路現地まで実査のうえ、久一郎の残した建築意匠の意義に覚醒させていただいた。経営史学者の曽根秀一氏には、当家古文書の長い封印を解き現代では初めて縦覧のうえ、同族の概念を直系に限らず幅広く捉える貴重な視点をご教示いただいた。この三名の先生方には専門家の立場から貴重な論稿までお寄せいただいた。

幟絵師の吉田辰昇師匠には、当家伝来の幟旗を鑑定のうえ詳細なコメントをいただいた。酒類専門記者の望月由隆氏には、往時の当社と新川について生き証人としてのコメントをいただいた。そのほか多くの方々に、有形無形のご支援を頂戴した。この場を借りて厚く御礼申し上げる。

そして、久一郎の前に数百年、あとに半世紀の長きにわたり、当社・当家にあらゆるご恩とご縁を賜ったすべての方々へ、このような巻末であっても気持ちの上では最上位の敬意を込めて、深甚なる感謝を申し上げたい。

事実上の社史としての性格上、当初は自費出版も視野に入れていたのであるが、久一郎の郷里・近江の地で地域に根差した文化に関する書籍を数多く刊行され、高い評価を確立されているサンライズ出版の岩根順子社長（ファミリービジネス・ファミリーのご当主でもあられる）に商業出版をお引き受けいただけたことは望外の僥倖だった。

長寿企業が世界一多く存続しているといわれる我が国において、一人でも多くのファミリービジネス経営者各位、ならびにその後継候補者(隠れている人々も含む)の方々の目に留まり、なんらかの参考にしていただくためにも、このような形で公刊できたことに心より感謝申し上げる。

なお、本書の記述は昭和末期で終了しているが、その後にも酒類流通には激動の時代が続いた。どのような危機をどのように克服したかについては、事業家《け》の継続性の観点のみならず、産業構造の進化に応じた経営実践論としても、機会を改めたい。

2020年6月

著者

上野久一郎、妻・幹枝　年譜

和暦	西暦	久一郎満年齢	出来事
明治26年	1893	0	久一郎 出生（父・八代目上野久太郎、母・かめ）（長男）
明治34年	1901	7	幹枝 出生（父・橋本精一郎、母・そと）（長女）
明治41年	1908	14	父・上野久太郎 死去により家督相続。14歳で戸主（家長）
明治44年	1911	17	長姉・セキ、敦賀・刀田家へ婚姻、除籍（大正4年、離婚により復籍）
大正6年	1917	23-24	東京へ進出し、京橋区越前堀に店舗を開業
大正9年	1920	26	長姉・セキ、敦賀・刀田家へ再婚、再除籍
大正11年	1922	28	久一郎と幹枝が結婚
〃	〃	29	長女・芳子誕生
大正12年	1923	29	関東大震災で店舗焼失
大正14年	1925	31	2月6日、妹・つる、京橋・山田家へ婚姻、除籍
〃	〃	〃	2月12日、長男・雄造誕生
〃	〃	〃	8月、次姉・よつ、桑名・加藤家へ婚姻、除籍（昭和4年、離婚により復籍）
〃	〃	〃	『大日本酒醤油業名家大鑑』第三版所載「関東酒類醤油仲買小売業人名簿」に越前堀店舗の住所と布屋の屋号とともに上野久一郎の名が掲載される
昭和2年	1927	33	弟・圭之輔、婚姻（昭和13年まで分家せず）
昭和3年	1928	34	次女・裕子誕生

〃	〃	〃	『帝都酒類問屋・仲買業総覧』に上野久一郎の単独紹介記事が掲載される
〃	〃	〃	「京橋八日会」創立、副会長に就任
昭和5年	1930	37	次男・雄靖誕生
昭和6年	1931	37	日本初の総合結婚式場「雅叙園」開業に際し、一手納入開始
昭和7年	1932	38	三男・善章誕生
〃	〃	〃	手印「太洋盛」発売開始
昭和8年	1933	39	京橋區塩組合委員に就任
	（この頃）		布屋商廛がコカコーラを発売（高梨家によるボトラー制度確立は1953年）
昭和9年	1934	41	四男・富敏誕生
〃	〃	〃	京橋商業組合理事に就任
昭和11年	1936	43	次姉・よつ、松山・渡部家へ再婚、再除籍（三人の姉妹が5回結婚）
昭和1?年	193?	4?	板橋・坂下にて支店を有し、西洋風「ミルクホール」も営業していた
昭和20年	1945	51	越前堀二丁目町会長として東京都長官表彰
〃	〃	〃	東京大空襲で店舗焼失
昭和24年	1949	55	8月24日、法人改組し、株式会社布屋本店を設立
	（この間）		急増する外食需要をとらえ、異業種の事業者多数に飲食業進出を勧誘 升の中にコップを立て酒を注ぐ新方式を発案し、販売先にノウハウ提供 異業種からの参入者に料理人など専門人材を紹介し、店舗数拡張を支援

			地方の無名酒造元の東京進出を支援 地酒銘柄の酒蔵（居酒屋）を駅前にチェーン化する「山手線作戦」を展開 ↓出店した駅＝東京、有楽町、新橋、田町、目黒、渋谷、新宿、高田馬場、池袋、巣鴨、上野、御徒町、秋葉原、神田、錦糸町、立石、蒲田、立会川… 一店一銘柄の専売制を導入し、製造元も販売店も安心して商売できる仕組構築 ＦＣ（フランチャイズチェーン）、ＰＢ（プライベートブランド）、ＳＰＡ（製造直売）の先駆者だった 箱根地区の国土計画（後の西武鉄道）経営の温泉旅館・ホテルに一手納入
昭和31年	1956	63	「東酒廿日会」の設立
昭和32年	1957	64	郷里の本家に書院造の離れを新築、落成
昭和35年	1960	67	善章、目黒雅叙園にて結婚式を挙げる
昭和39年	1964	71	東京オリンピックに合せて開業した東京プリンスホテルに一手納入
	（この間）		続々と開業するプリンスホテル各館にすべて納入 清酒販売数量で日本橋三越に次いで全国2位を10年連続達成
昭和40年	1965	71	久一郎72歳の誕生日の前日に急逝
昭和43年	1968	―	幹枝　逝去（享年67歳）
平成31年	2019	―	久一郎・幹枝　五十回忌法要挙行

主な参考文献（主著者五十音順）

（著者分）

相葉宏二（1995）『日本企業変革の手法』プレジデント社

淺羽茂（2015）「日本のファミリービジネス研究」一橋ビジネスレビュー63巻2号、一橋大学イノベーション研究センター

上野雄靖・小武山温之・山田正一（1960）「発ぽう飲料について」日本醸造協會雑誌55巻2号、公益財団法人日本醸造協会

上野善久（2018）「事業継承、背中押す先輩の言葉」日本経済新聞2018年4月10日、全国版経済解説面

奥村昭博（2015）「ファミリービジネスの理論――昨日、今日、そしてこれから」一橋ビジネスレビュー63巻2号

奥村昭博・加護野忠男（2016）『日本のファミリービジネス：その永続性を探る』中央経済社

後藤俊夫・監修（2018）『ファミリービジネス白書2018年版』白桃書房

サム・ウォルトン（2002）『私のウォルマート商法』渥美俊一・桜井多恵子監訳　講談社＋α文庫

三友新聞社「越後屋誕生と高利の新商法」三井広報委員会ホームページ『三井の歴史』、https://www.mitsuipr.com/history/edo/02/、2020年3月21日閲覧

末永国紀（2004）『近江商人学入門――CSRの源流「三方よし」』サンライズ出版

『大日本酒醤油業名家大鑑、第三版』1925　東京酒類醤油新聞社

中小企業庁（2020）『中小企業白書・小規模企業白書2020年版』経済産業省、2020年4月24日HP公表、同27日閲覧

鶴本重美（1939）『帝都酒類醤油味噌鹽業界　回顧と人物』昭和酒類新聞社

『帝都酒類問屋・仲買業総覧』1928　酒醤油時事新聞社

二宮麻里（2016）『酒類流通システムのダイナミズム』有斐閣

びわの歴史トピックス編集会議（1998）『びわの歴史トピックス』びわ町・びわ町教育委員会
三品和広（2004）『戦略不全の論理――慢性的な低収益の病からどう抜け出すか』東洋経済新報社
望月由隆（2010）『新川物語――酒問屋の盛衰』文藝春秋
最高裁判所、最高裁判所判例集、不正競争行為差止請求事件、事件番号昭和38（オ）1149、http://www.courts.go.jp/app/files/hanrei_jp/689/077689_hanrei.pdf、2020年3月21日閲覧

（曽根秀一分）
井上政共（1890）『近江商人』松桂堂
上村雅洋（1985）「近江商人西川伝右衛門家の松前経営」『滋賀大学経済学部附属史料館研究紀要』第18号
宇佐美英機（2015）「近江商人研究と「三方よし」論」『滋賀大学経済学部附属史料館研究紀要』第48号
江頭恒治（1959）『近江商人』弘文堂
小川功（1995）「近江商人系金融機関の地元還元投融資―藤井善助による琵琶湖鉄道汽船の統合と解体―」『滋賀大学経済学部附属史料館研究紀要』28
小倉栄一郎（1957）「江州中井家の決算報告法について―中井家帳合の法―」『彦根論叢』第37号，滋賀大学経済学会
曽根秀一（2019）「企業のリスクマネジメント及び存続にかんする準備的研究―老舗江州系企業（上野久太郎家、宇野彦左衛門家、宇野喜平家、森伝蔵家）を事例に―」『彦根論叢』（滋賀大学経済学会）第419号，118-131頁
平瀬光慶（1911）『近江商人』近江尚商會

（宮川弘久分）
加藤百一（1987）『日本の酒5000年』技報堂出版
小泉武夫（1982）『酒の話』講談社現代新書
原田敏丸（1983）『近世村落の経済と社会』山川出版社

著者略歴

上野　善久（うえの・よしひさ）

1961年東京生まれ。
東京大学経済学部卒業。英国経営学修士。
三菱総合研究所、ボストンコンサルティンググループを経て、
近江系東京商人の家業を継承。
株式会社布屋本店代表取締役。

戦後日本 流通業のイノベーター
―ファミリービジネスの業種転換事例―

2020年８月20日　第１刷発行

著　者　上野　善久
発行者　岩根　順子
発行所　サンライズ出版株式会社
〒522-0004 滋賀県彦根市鳥居本町655-1
電話 0749-22-0627
印刷・製本　サンライズ出版

ISBN978-4-88325-699-0　Printed in Japan　定価はカバーに表示しています。
乱丁・落丁本はお取り替えいたします。